COLEÇÃO
● TEOLOGIA PARA TODOS

Vik Zalewski Baracy

Mulher pode ser pastora?

Uma defesa bíblica da ordenação feminina

© por Viktorya Zalewski, 2023.
Todos os direitos desta publicação são reservados por
Vida Melhor Editora LTDA.

Todas as citações bíblicas foram extraídas da *Nova Versão Internacional*,
da Biblia Inc., salvo indicação em contrário.

Os pontos de vista desta obra são de responsabilidade de sua autora e
colaboradores diretos, não refletindo necessariamente a posição da Thomas
Nelson Brasil, da HarperCollins Christian Publishing ou de
suas equipes editoriais.

PRODUÇÃO: Daila Fanny Eugenio
REVISÃO: Virgínia Neumann e Shirley Lima
DIAGRAMAÇÃO: Joede Bezerra
CAPA E PROJETO GRÁFICO: Gabriela Almeida
ILUSTRAÇÃO DE CAPA: Guilherme Match

EQUIPE EDITORIAL
DIRETOR: Samuel Coto
COORDENADOR: André Lodos Tangerino
ASSISTENTE: Lais Chagas

Dados Internacionais de Catalogação na Publicação (CIP)
(BENITEZ Catalogação Ass. Editorial, MS, Brasil)

B178m Baracy, Vik Zalewski
1.ed.　　Mulher pode ser pastora? Uma defesa
bíblica da ordenação feminina/ Vik Zalewski Baracy.
– 1.ed. – Rio de Janeiro: Thomas Nelson Brasil, 2023.
96 p.; 12 x 18 cm.

ISBN 978-65-5689-679-3

1. Mulheres na igreja. 2. Mulheres pastoras
– Cristianismo. 3. Teologia cristã. I. Título.

Índice para catálogo sistemático:
1. Mulheres pastoras: Cristianismo　262.14
Aline Graziele Benitez – Bibliotecária - CRB-1/3129

Thomas Nelson Brasil é uma marca licenciada à Vida Melhor Editora, LTDA.
Todos os direitos reservados à Vida Melhor Editora LTDA.
Rua da Quitanda, 86, sala 218 — Centro
Rio de Janeiro — RJ — CEP 20091-005
Tel.: (21) 3175-1030
www.thomasnelson.com.br

Sumário

07 Prefácio à coleção *Teologia para todos*

09 Introdução: Para além de respostas prontas

PARTE 1: A MULHER NA HISTÓRIA DA REDENÇÃO

12 1. A mulher na Criação

21 2. A mulher e as consequências do pecado

29 3. A participação da mulher na redenção

PARTE 2: A MULHER NO MINISTÉRIO

36 4. A mulher e o profetismo

44 5. Mulheres diaconisas, missionárias e apóstolas

54 6. Mulheres pastoras

PARTE 3: TEXTOS EM DEBATE

62 7. Pressupostos: Discernindo a cultura greco-romana

69 8. As questões referentes às mulheres em Corinto

79 9. Autoridade sobre o homem

89 10. Desejando o episcopado

93 Uma palavra final

Prefácio à coleção
Teologia para todos

Geralmente, quando nos interessamos por algo, alguém, alguma coisa, algum tema, fazemos perguntas sobre isso. Perguntar é um ato de gente interessada — pode ser de gente metida também, eu sei (risos), mas, aqui, estou pensando nessa atitude de maneira positiva. Os discípulos fizeram perguntas para Jesus, que muitas vezes respondeu com outras perguntas. Entre perguntas e respostas, o reino de Deus foi ensinado e aprendido.

Em diálogos honestos e relações saudáveis, perguntas sempre são bem-vindas. Jesus não teve problemas em ser questionado. Paulo escreveu duas cartas respondendo às dúvidas que recebeu da comunidade de Corinto. Aliás, podemos pressupor que, por trás dos escritos do Novo Testamento, estão questionamentos da igreja nascente.

Foi justamente por acreditar que perguntas honestas merecem respostas bíblicas que criamos a coleção *Teologia para todos*. O objetivo é fomentar, por meio de perguntas e respostas, a reflexão sobre temas importantes da fé cristã. Nossa fé foi construída em meio a um povo que experimentou a presença e a revelação divinas. O Antigo e o Novo Testamento são frutos dessa relação e da reflexão sobre quem é Deus e o que ele espera de sua criação.

Sim, Deus espera que seu povo conheça as Escrituras e saiba relacionar a revelação com a rotina! Por isso, os temas dessa coleção estarão sempre permeados pela teologia prática. A ideia central de cada livro é responder a uma pergunta ou inquietação da igreja brasileira, ao mesmo tempo que ensina princípios básicos da doutrina cristã.

Pelo tamanho do livro que você tem em mãos, fica evidente a intenção de que ele seja apenas uma introdução ao assunto da capa. Contudo, os autores e as autoras se esforçaram ao máximo para entregar, de forma sintética e clara, aquilo que é fundamental saber sobre a pergunta que gerou o livro. Para aprender mais, consulte as referências bibliográficas citadas nas notas de rodapé ao longo de cada obra. Ao estudar as fontes que os autores usaram, você pode ir mais longe.

Esperamos profundamente que este livro e todos os demais da coleção *Teologia para todos* inspirem você a viver a fé evangélica de maneira mais sóbria, a fim de que, "se alguém lhes perguntar a respeito de sua esperança, estejam sempre preparados para explicá-la" (1Pedro 3:15).

Rodrigo Bibo
Autor do best-seller *O Deus que destrói sonhos*,
criador do Bibotalk e da EBT — Escola Bibotalk de Teologia.
Casado com a Alexandra e pai da Milena e do Kalel.

Introdução
Para além de respostas prontas

"Mulher pode ser pastora?" é uma dúvida quase trivial, mas a resposta não é simples. Na verdade, ela é só a ponta do iceberg. Junto dela vêm muitas outras questões: A mulher pode exercer autoridade espiritual sobre o homem? Ela pode pregar? Pode liderar uma igreja *inteira*? Por muito tempo, acreditei que pastora era a esposa do pastor e que o pastorado era algo feito em equipe, pelo casal — eu nunca havia conhecido um pastor solteiro. Mais tarde, pensei que apenas homens poderiam ser pastores, pois eles são fortes e podem proteger as mulheres da aridez da vida.

Meu primeiro contato com argumentos pró-pastorado feminino aconteceu apenas em 2018, quando escutei um episódio do podcast BTCast[1] sobre o assunto. Eu estava prestes a congregar em uma igreja com mulheres no pastorado e queria saber se isso seria algo doutrinariamente viável para mim. Quando ouvi os argumentos a favor de pastoras, senti-me convencida. Mas como esse assunto ainda era tema de debate, passei a estudar o tópico mais a fundo e me surpreendi: descobri teólogos respeitados, como Craig Keener e Gordon Fee, defendendo o pastorado feminino. À medida que estudava, a lista crescia: N. T. Wright; Dallas Willard; Nijay K. Gupta; Scot McKnight; entre outros, todos reconhecidos por seu grande amor pelas Escrituras.

Essa jornada me levou a pelo menos três linhas de pensamento. A primeira, mais antiga, entende que a mulher é inferior ao homem, mais propensa ao pecado; não à toa Tertuliano, um dos pais da igreja, chama a mulher de "porta do Diabo".[2] O versículo "E Adão não foi enganado, mas sim a mulher" (1Timóteo 2:14) levou muitos a considerarem a mulher mais ludibriável que o homem. Se

---

[1] "Ordenação feminina — BTCast 255".
[2] ALMEIDA, Rute Salviano. *Vozes femininas no início do cristianismo*. São Paulo: Hagnos, 2017. p. 147.

MULHER PODE SER PASTORA?

havia líderes mulheres na Bíblia, essas eram exceções permitidas por Deus, que faz o que bem entender.

A segunda linha nasceu em debates que surgiram a partir dos anos 1960. Ela considera que ambos os sexos são iguais em valor. No entanto, entende que mulheres não podem assumir o papel de liderança da igreja. Compreende que qualquer cena bíblica que indique uma autoridade religiosa da mulher sobre o homem deve ser refutada, pois a ordem divina não pode ser negada. De fato, a discussão sobre o "papel da mulher" ganhou importância a partir dessa década tanto na teologia como fora dela.

A terceira linha surgiu na mesma época. Segundo ela, homens e mulheres são iguais em valor, e a presença de mais líderes homens nas Escrituras se dá por fatores e necessidades culturais. Deus usa as culturas, às vezes alterando-as, às vezes mantendo seus elementos. Essa linha teológica, chamada de *igualitarismo* ou *mutualismo*, considera que diversas mulheres na Bíblia exerceram autoridade espiritual sobre homens. Nesse sentido, há sólidas bases bíblicas para a mulher ser pastora.

Eu sigo essa terceira perspectiva e irei apresentá-la neste livro em três partes:

1. Primeiro, mostrarei como se deu a presença da mulher na história da salvação, apontando *quem* é ela nessa história;
2. Depois, apresentarei o ministério de mulheres no Antigo e no Novo Testamento, e qual o significado de ministério na igreja;
3. Por fim, irei considerar os textos polêmicos a respeito da mulher no culto cristão.

Espero, com este livro, difundir um pensamento mais igualitário acerca do papel da mulher na igreja no Brasil. Como não é possível, para os propósitos do projeto, lidar com todos os pormenores relacionados ao tema, incentivo os leitores a explorar as referências bibliográficas a fim de se aprofundar no assunto. De qualquer forma, meu desejo é de que este seja apenas o início de uma conversa mais ampla sobre o ministério feminino.

Quanto mais estudo a Bíblia, mais me apaixono por Deus e por sua Palavra! Minha esperança é de que este livreto produza o mesmo efeito em você.

> *Sabemos que toda a natureza criada geme até agora, como em dores de parto.*
>
> ROMANOS 8:22

PARTE 1:

A MULHER NA HISTÓRIA DA REDENÇÃO

● CAPÍTULO 1

A mulher na Criação

Os capítulos 1 e 2 de Gênesis apresentam alguns dos mais belos versos da Bíblia. Não é por acaso que qualquer livro sobre ministério feminino começa por eles: na história da Criação, aprendemos quem Deus nos criou para ser. Com essas passagens, iniciamos nossa pesquisa sobre quem é a mulher, como se dá seu relacionamento com o homem e como ela deveria atuar no mundo criado.[1]

Talvez você já tenha lido tantas vezes o primeiro capítulo de Gênesis que certos trechos passem batido. Por isso, gostaria de comentá-lo mais de perto. (Sugiro que, aqui, você pegue sua Bíblia e releia Gênesis 1.)

Até o quinto dia da Criação, Deus já havia criado luz, enchido a terra de vegetação, estabelecido luminares e criado animais aquáticos e aves. Ele viu o que criara, e tudo havia ficado bom. No sexto dia, criou animais terrestres, incluindo os domésticos, selvagens e outras criaturas. Ainda naquele dia, o seguinte diálogo divino ecoou: "Então disse Deus: 'Façamos o *homem* [*'adam*] à nossa imagem, conforme a nossa semelhança. [...]'. Criou Deus o *homem* [*'adam*] à sua imagem, à imagem de Deus o criou; *homem e mulher* os criou" (Gênesis 1:26-27).

Em suas primeiras aparições na Bíblia, que ocorrem no texto acima, a palavra hebraica *'adam* (traduzida por "homem") possui um significado mais abrangente. Ela significa *ser humano*, como observamos em outras traduções: "Assim Deus criou o *ser humano*

---

[1] Uma vez que a história da Criação é refém das mais infundadas interpretações, tomo por base a leitura de John Walton, professor de Antigo Testamento e especialista em Antigo Oriente Próximo.

à sua imagem" (NAA); "Assim, Deus criou *os seres humanos* à sua própria imagem" (NVT); "Assim Deus criou *os seres humanos*" (NTLH).

Dessa forma, sabemos que o ser humano — tanto homem como mulher — foi criado à imagem de Deus. Gênesis 5:1-2 reforça isso: "Quando Deus criou o homem, à semelhança de Deus o fez; homem e mulher os criou. Quando foram criados, ele os abençoou e os chamou Homem ['*adam*]".

> **Dessa forma, sabemos que o ser humano — tanto homem como mulher — foi criado à imagem de Deus.**

IMAGEM E SEMELHANÇA

O que significa, porém, ser imagem e semelhança divinas? No contexto cultural do Antigo Oriente Próximo, fabricava-se a imagem de um deus para manifestar sua presença em determinado local. A estátua de um deus não era o próprio deus, e sim uma manifestação dele, mediando sua presença para as pessoas e sendo um meio de atuação daquele deus na terra. Também eram feitas imagens dos reis que atuassem em nome desse deus, e elas se tornavam substitutas do rei nas cidades.[2]

Em Gênesis, a imagem divina é atribuída ao homem e à mulher. A teologia cristã muito debateu sobre o significado disso ao longo dos séculos, ligando-o à racionalidade, à fala e ao amor. Porém, vemos que, quando Deus atribui sua imagem e semelhança aos seres humanos, faz deles vice-regentes da criação: "Deus os abençoou e lhes disse: 'Sejam férteis e multipliquem-se! Encham e subjuguem a terra! Dominem sobre os peixes do mar, sobre as aves do céu e sobre todos os animais que se movem pela terra'" (Gênesis 1:28).

Veja que Deus se dirige ao homem *e* à mulher para incumbi-los dessa missão. Assim, não há razão para pensar que a tarefa foi designada mais ao homem que à mulher. Como observa a teóloga

---

[2] WALTON, John. *Teologia do Antigo Testamento para cristãos*: do contexto antigo à crença duradoura. Trad. de Cecília Camargo Bartalotti. São Paulo: Loyola, 2021. p. 70-1.

MULHER PODE SER PASTORA?

Linda Belleville, também não há qualquer indício de que o homem tenha recebido domínio sobre a esfera pública, e a mulher, sobre a esfera privada, do lar:

> Ambos têm o que é necessário para governar e subjugar a totalidade do que Deus havia criado. Isso deriva de sua criação à imagem de Deus. A sequência de ideias em Gênesis 1 mostra que é o fato de serem imagem de Deus que permite ao homem e à mulher governar e subjugar. "Façamos o homem à nossa imagem" vem primeiro; a ordem de dominar sobre toda a terra vem depois (v. 26-30).[3]

Ambos são representantes de Deus; não há nada que sugira uma representação maior por parte do homem. No Novo Testamento, ainda que o Filho de Deus tenha encarnado como homem, a Bíblia não permite pensar que a mulher é menos imagem de Deus. A mulher continua sendo a imagem divina em sua totalidade.

Homem e mulher devem, juntos, subjugar a terra e enchê-la, pois, como revelam as Escrituras, "Deus viu tudo o que havia feito, e tudo havia ficado muito bom". (Gênesis 1:31)! Tradicionalmente, o segundo capítulo de Gênesis é lido como uma nova perspectiva sobre os mesmos acontecimentos do primeiro. Nele, a criação do homem e da mulher é descrita de maneira mais detalhada:

> Então o Senhor Deus formou o homem do pó da terra e soprou em suas narinas o fôlego de vida, e o homem se tornou um ser vivente. Ora, o Senhor Deus tinha plantado um jardim no Éden, para os lados do leste [...]. E no meio do jardim estavam a árvore da vida e a árvore do conhecimento do bem e do mal. No Éden nascia um rio que irrigava o jardim, e depois se dividia em quatro [...]. O Senhor Deus colocou o homem no jardim do Éden para cuidar dele e cultivá-lo (Gênesis 2:7-15).

Embora alguns detalhes possam passar despercebidos pelo leitor moderno, "os leitores do mundo antigo reconheceriam

---

[3] BELLEVILLE, Linda L. "Women in ministry: an egalitarian perspective". In: BECK, James R.; GUNDRY, S. (orgs.). *Two views on women in ministry*. Grand Rapids: Zondervan, 2005. Edição digital.

rapidamente o jardim no qual Adão foi colocado como espaço sagrado".[4] Estudiosos mencionam rios fluentes e jardins como elementos comuns em espaços sagrados da Antiguidade, como palácios e templos. Assim, o Éden não era apenas um simples espaço verde, mas o espaço de habitação de Deus! Alguns acadêmicos até mesmo consideram o templo construído por Salomão uma representação do Éden, em termos de morada divina e criação. Não é à toa que Deus andava pelo jardim (Gênesis 3:8).

Quando o homem e, depois, a mulher são colocados no espaço sagrado, eles não são apenas jardineiros ou agricultores, mas também cuidadores do espaço sagrado. Por isso, Walton afirma que ambos têm um papel sacerdotal nesse ambiente.[5]

A CRIAÇÃO DO HOMEM E DA MULHER

Como lemos em Gênesis 2:7, o homem foi formado do pó da terra. O pó representa a mortalidade; é a *ruah* de Deus, o fôlego de vida, aquilo que faz o homem viver, não o pó. Por isso, após a Queda, Deus declara ao homem que ele trabalhará "até que volte à terra, visto que dela foi tirado; porque você é pó e ao pó voltará" (3:19). Semelhante ideia se encontra neste salmo: "pois ele sabe do que somos formados; lembra-se de que somos pó" (Salmos 103:14). Nesse sentido, todos, homens ou mulheres, estão representados. Todos são feitos do pó e a ele retornarão.[6]

Após formar o homem e colocá-lo no Éden para cuidar dele e guardá-lo, deixando uma ordem a respeito das árvores do jardim (Gênesis 2:16-17), Deus faz o seguinte apontamento: "Não é *bom* que o homem esteja só; farei para ele alguém que o auxilie e lhe corresponda" (v. 18). Em Gênesis 1, como vimos, Deus concluiu que sua criação era *boa*. A solidão de Adão, no entanto, não era *boa*. Algo estava fora do lugar. Walton comenta que a tarefa de cuidar do espaço sagrado "é muito ampla para que Adão a realizasse sozinho — ele

---

[4] WALTON, John. *O mundo perdido de Adão e Eva*: o debate sobre a origem da humanidade e a leitura de Gênesis. Trad. de Rodolfo Amorim Carlos de Souza. Viçosa: Ultimato, 2016. p. 98.

[5] WALTON. *O mundo perdido de Adão e Eva*, p. 105.

[6] WALTON. *O mundo perdido de Adão e Eva*, p. 70.

MULHER PODE SER PASTORA?

precisa de uma aliada para ajudá-lo". A única aliada apropriada seria alguém... como Adão!

> Assim o homem deu nomes a todos os rebanhos domésticos, às aves do céu e a todos os animais selvagens. Todavia não se encontrou para o homem alguém que o auxiliasse e lhe correspondesse. Então o Senhor Deus fez o homem cair em profundo sono e, enquanto este dormia, tirou-lhe uma das costelas, fechando o lugar com carne. Com a costela que havia tirado do homem, o Senhor Deus fez uma mulher e a levou até ele. Disse então o homem: "Esta, sim, é osso dos meus ossos e carne da minha carne! Ela será chamada mulher, porque do homem foi tirada". Por essa razão, o homem deixará pai e mãe e se unirá à sua mulher, e eles se tornarão uma só carne (Gênesis 2:21-24).

Após Deus constatar que não era bom o homem estar só, Adão chega à mesma conclusão: ele nomeia os animais e conclui que nenhum animal é seu semelhante e que nenhum tem a mesma função que ele. Então, Deus cria a mulher a partir do corpo de Adão. Uma tradução mais adequada para o termo hebraico *tsela'* não é "costela", mas "lado", como apontam levantamentos lexicográficos bíblicos e outras traduções antigas.[7] No idioma acádio, o cognato *selu* raramente se referia à "costela", na maioria das vezes designava um lado inteiro ou a caixa torácica inteira.[8] Ou seja, para formar a mulher, Deus tomou um dos lados de Adão, como que cortando-o "ao meio". Homem e mulher são duas metades. Por isso, quando se unem, tornam-se uma só carne (Gênesis 2:24), voltando ao seu estado original.

Quando Adão vê a mulher, ele expressa alegria. Finalmente havia encontrado alguém como ele: literalmente sua outra metade, sua aliada, seu igual ontológico. Como diz Walton:

> O relato em Gênesis 2 demonstra que a mulher não era apenas outra criatura, mas era como o homem. Era, na verdade, sua outra metade compartilhando de sua natureza e sendo, portanto,

---

[7] Veja WALTON. *O mundo perdido de Adão e Eva*, p. 72-3.
[8] WALTON. *O mundo perdido de Adão e Eva*, p. 72.

A MULHER NA CRIAÇÃO

uma aliada adequada. A mulher se juntou ao homem como guardiã e mediadora com a tarefa de preservar, proteger e expandir o espaço sagrado.[9]

Temos, então, um lindo jogo de palavras no hebraico, pressupondo duas contrapartes; o homem reconhece a mulher como sua correspondente e exclama o primeiro poema bíblico: "Ela será chamada mulher [*ishah*], porque do homem [*ish*] foi tirada". *Ish* e *ishah* recebem, assim, o mesmo papel de dominar e subjugar a terra, pois um nome está unido ao outro.

Quando o homem dá nome à mulher, isso nada tem que ver com subordinação. Pelo contrário. Ele a reconhece como "igual" a ele: "Esta, sim, é osso dos meus ossos e carne da minha carne!". A exclamação se assemelha à de Labão, quando reconhece Jacó como parente: "De fato, és meu osso e minha carne" (Gênesis 29:14, ARA). Adão compreende o que Deus havia criado: alguém que *correspondia* a ele (v. 18).

Há diferentes teorias que explicam o significado de o homem nomear a mulher. Alguns propõem que, ao fazer isso, o homem estaria estabelecendo sua autoridade sobre a mulher, tal qual fez com os animais. Trata-se de um apontamento um tanto triste, pois implica o homem tratar a mulher como trata cachorros e esquilos. Outros propõem a seguinte solução: a mulher seria *inferior* ao homem, pois foi nomeada por ele, mas *superior* aos animais, porque veio de Adão. Essa opção não é levada a sério atualmente e poucos concluem que a mulher seria, de fato, inferior ao homem.

Uma terceira opção, apresentada pelos defensores da submissão feminina transcultural, é mais recente e tenta adequar a segunda opção à sensibilidade contemporânea: a mulher teria sido criada igual ao homem em valor, mas diferente em função. Essa opção ainda parece sem fundamento. Em primeiro lugar, conforme vimos em Gênesis 1, *ish* e *ishah* são duas metades que devem ser férteis e se multiplicar, subjugar a terra e dominá-la. A função de vice-regentes é atribuída a ambos. Homem e mulher dominam

---

[9] WALTON. *O mundo perdido de Adão e Eva*, p. 104.

MULHER PODE SER PASTORA?

sobre os animais, mas não há indicação de *ish* dominando sobre *ishah*, exceto após a Queda.

Em segundo lugar, nomear *não* é sinônimo de exercer autoridade. Em muitos casos, nomear parece mais uma comprovação da identidade da pessoa. Os dois filhos de Isaque têm nomes simbólicos: "O primeiro a sair era ruivo, e todo o seu corpo era como um manto de pelos; por isso lhe deram o nome de Esaú ['peludo']. Depois saiu seu irmão, com a mão agarrada no calcanhar de Esaú; pelo que lhe deram o nome de Jacó ['aquele que segura o calcanhar' ou 'usurpador']" (Gênesis 25:25-26). Capítulos antes, Hagar nomeia o próprio Deus! Obviamente, ela não estava exercendo autoridade sobre Deus: "Este foi o nome que ela deu ao SENHOR que lhe havia falado: 'Tu és o Deus que me vê'" (Gênesis 16:13).

Além disso, é interessante observar que o nome "Eva" não surge aqui. O homem chama sua parceira de *ishah*, pois ele é *ish*. Até o momento, os dois são *Adam*. É apenas em Gênesis 3 que o nome Eva entra em cena.

AUXILIADORA QUE LHE CORRESPONDA

A mulher foi criada como alguém que auxiliasse e correspondesse ao homem, ou seja, uma "auxiliadora que lhe seja idônea" (Gênesis 2:18, ARA). Muitos supõem que ser auxiliadora é uma forma de subordinação, como uma espécie de assistente que está abaixo do chefe e o ajuda em diversas tarefas. No Brasil, o termo "auxiliar" costuma ser utilizado para empregos em que o profissional designado não é o principal encarregado da tarefa — como auxiliar administrativo, auxiliar de produção, auxiliar de limpeza. O termo "idôneo", por sua vez, é popularmente utilizado como sinônimo de integridade e honestidade. Uma auxiliadora idônea, então, parece ser uma mulher que executa muito bem as ordens do marido. Será mesmo?

Essa ideia não corresponde ao texto bíblico. Em primeiro lugar, a palavra *'ezer* (traduzida por "auxiliadora") não é usada na Bíblia com o sentido de subordinação. Nas 21 vezes em que aparece no Antigo Testamento, 14 se referem ao próprio Deus, que não está subordinado a nenhum ser. Um exemplo está no próprio livro de Gênesis: "Mas o seu arco permaneceu firme; os seus braços continuaram fortes, ágeis para atirar, pela mão do Poderoso de Jacó, pelo nome do Pastor [...] *que ajuda você*, o Todo-poderoso" (49:24-25). Outros exemplos estão no livro de Salmos: "Nossa esperança está no Senhor; ele é o nosso *auxílio* e a nossa proteção" (33:20); "Quanto a mim, sou pobre e necessitado; apressa-te, ó Deus. Tu és o meu *socorro* e o meu libertador" (70:5). Se *'ezer* implicasse subordinação, estaria Deus subordinado a nós?

Assim, a mulher não é criada como subordinada, mas como aliada que socorre o homem que estava só! De fato, alguns estudiosos sugerem que o termo "aliada" é uma tradução mais adequada.[10]

> **A mulher não é criada como subordinada, mas como aliada que socorre o homem que estava só!**

A palavra *kenegdo* ("que lhe corresponda", traduzida também por "idônea" [ARA]; "alguém que o complete" [NVT]; "que seja semelhante" [NAA]) também aponta para esse sentido. O termo implica competência e igualdade, e não subordinação e inferioridade.[11] Assim, a mulher é criada como uma aliada semelhante ao homem, de forma que, como afirma Longman III, "os relatos da Criação reconhecem a igualdade de homens e mulheres perante Deus".[12]

ORDEM DA CRIAÇÃO

Alguns argumentam que a subordinação da mulher se deve ao fato de o homem ter sido criado antes dela. Tal perspectiva provém

---

[10] LONGMAN III, Tremper. *Genesis*. The Story of God — Bible Commentary. Grand Rapids: Zondervan, 2016.

[11] CONWAY, Mary L. "Gender in Creation and Fall: Genesis 1—3". In: PIERCE, Ronald W.; WESTFALL, Cynthia L. (orgs.). *Discovering biblical equality*: biblical, theological, cultural & practical perspectives. 3. ed. Downers Grove: IVP, 2021. Edição digital.

[12] LONGMAN III, Tremper. *Como ler Gênesis*. Trad. de Márcio Loureiro Redondo. São Paulo: Vida Nova, 2009. p. 131.

de certas interpretações de trechos do Novo Testamento.[13] Talvez você se lembre desta frase de Paulo: "o homem não se originou da mulher, mas a mulher do homem; além disso, o homem não foi criado por causa da mulher, mas a mulher por causa do homem" (1Coríntios 11:8-9). No entanto, poucos parecem ler a perícope até o fim: "No Senhor, todavia, a mulher não é independente do homem, nem o homem independente da mulher. Pois, assim como a mulher proveio do homem, também o homem nasce da mulher. Mas tudo provém de Deus" (v. 11-12).

Algo similar ocorre em 1Timóteo 2:13-14, em que lemos que "primeiro foi formado Adão, e depois Eva", e também: "Adão não foi enganado, mas sim a mulher, que, tendo sido enganada, tornou--se transgressora". Isoladamente, esses versículos foram utilizados ao longo da história do cristianismo para indicar que a mulher é mais propensa ao engano que o homem. No entanto, eles só podem ser adequadamente entendidos quando se lê toda a primeira carta a Timóteo. Tratarei disso no penúltimo capítulo, porém já adianto: a ordem da Criação, explicitada por Paulo, não indica hierarquia nem subordinação, mas interdependência entre os sexos.

Na leitura do texto de Gênesis, o fato de o homem ter sido criado primeiro não indica a supremacia dele; afinal, estamos falando de um casal, e não da ordem de nascimento de filhos. Se mesmo assim seguirmos a ideia de primogenitura, devemos lembrar que a Bíblia hebraica frequentemente a subverte: Abel é mais piedoso que Caim; Jacó se torna patriarca em lugar de Esaú; Judá não é o primogênito, mas se torna a origem da linhagem messiânica; Davi é o mais novo de seus irmãos e se torna o rei. O maior exemplo, porém, está na própria Criação: Adão é criado do pó da terra, todavia é ele quem a domina. Por fim, o homem e a mulher são as últimas criações de Deus e subjugam todo o resto.[14]

---

[13] BLOMBERG, Craig. "A response to Linda Belleville". In: BECK; GUNDRY (orgs.). *Two views on women in ministry*.

[14] CONWAY. "Gender in Creation and Fall: Genesis 1—3".

● CAPÍTULO 2

A mulher e as consequências do pecado

Quando olhamos para o mundo, vemos que homem e mulher estão muito, muito longe de viver em harmonia. Uma pesquisa rápida nos mostra isso. Em 2021, a cada dez minutos uma mulher foi estuprada no Brasil.[1] Na pandemia, as mulheres foram as principais afetadas pelo desemprego.[2] No mesmo período, uma em cada quatro brasileiras sofreu algum tipo de violência doméstica.[3]

A própria Bíblia não esconde essa realidade de pecado e violência. Nela encontramos mulheres violentadas, como Diná (Gênesis 34) e Tamar (2Samuel 13). Mesmo homens importantes na história do povo de Deus não cumpriam as intenções originais do Criador para com as mulheres: Jacó foi bígamo, além de ter preferência por uma das esposas, gerando intrigas familiares (Gênesis 29:31); Davi quis a esposa do seu vizinho, que estava em uma guerra em nome da coroa (2Samuel 11).

---

[1] VEJA. "Onde mais cresceu e onde mais caiu o número de feminicídios no Brasil". *Veja*. São Paulo, 7 mai. 2022. Disponível em: https://veja.abril.com.br/coluna/maquiavel/onde-mais-cresceu-e-onde-mais-caiu-o-numero-de-feminicidios-no-brasil/. Acesso em: 23 jul. 2022.

[2] JORNAL NACIONAL. "Mulheres foram maioria entre os que perderam emprego em 2020". *G1*. Rio de Janeiro, 8 dez. 2021. Disponível em: https://g1.globo.com/jornal-nacional/noticia/2021/12/08/mulheres-foram-maioria-entre-os-que-perderam-emprego-em-2020.ghtml. Acesso em: 23 jul. 2022.

[3] PAULO, Paula Paiva. "Uma em cada quatro mulheres foi vítima de algum tipo de violência na pandemia no Brasil, aponta pesquisa". *G1*. São Paulo, 7 jun. 2021. Disponível em: https://g1.globo.com/sp/sao-paulo/noticia/2021/06/07/1-em-cada-4-mulheres-foi-vitima-de-algum-tipo-de-violencia-na-pandemia-no-brasil-diz-datafolha.ghtml. Acesso em: 23 jul. 2022.

Não vivemos no mundo que Deus planejou, e os personagens bíblicos refletem isso. No entanto, alguns cristãos frequentemente parecem se esquecer disso ao lerem a Bíblia e produzirem teologia.

O PECADO ORIGINAL

Encontramos o relato sobre o pecado original em Gênesis 3, quando Eva é tentada pela serpente a comer o fruto proibido. A cena se inicia com a serpente, que, de acordo com John Walton, é colocada aqui como uma criatura do caos.[4] Ela gera dúvida e sutilmente nega as consequências de comer o fruto, afirmadas por Deus. Instigado, o casal come. Ao fazerem isso, homem e mulher procuravam ser como Deus, colocando-se como o centro da sabedoria, que deveria estar no próprio Deus: "Deus é, por definição, a fonte da sabedoria, e sua presença, portanto, estabelece um centro".[5] O casal tentou adquirir sabedoria de maneira ilegítima, buscando ocupar o lugar de Deus e, assim, trazendo desordem.

Alguns dizem que a mulher pecou porque queria ser a "pastora do jardim", e que fez isso ao passar à frente do homem e falar com a serpente. Não podemos esquecer, no entanto, que o homem estava presente naquele momento, como sugere o texto bíblico: "Assim, tomou do fruto e o comeu. Depois, *deu ao marido, que estava com ela*, e ele também comeu" (Gênesis 3:6, NVT); "Deu-o também a seu marido, que com ela estava e ele comeu" (BJ) e "comeu e estava com ela" (NVI, em nota de rodapé). Assim, homem e mulher desobedeceram *a Deus*, pois tentaram ser como ele, conforme sugere a serpente. Além disso, propor que Eva pecou por passar à frente é sugerir um pecado antes do próprio pecado original, o que traz sérios problemas à narrativa bíblica! Como diz o teólogo Sponheim, "o que não se pode requerer é que a própria Queda aconteça antes de acontecer".[6] É uma hipótese absurda, pois o pecado é comer do fruto em uma tentativa de ser igual a Deus.

---

[4] WALTON. *O mundo perdido de Adão e Eva*, p. 125.

[5] WALTON. *O mundo perdido de Adão e Eva*, p. 136.

[6] SPONHEIM, Paul. "O pecado e o mal". In: BRAATEN, Carl E.; JENSON, Robert W. (orgs.). *Dogmática cristã: vol. 1*. Trad. de Gerrit Delfstra, Luís H. Dreher, Geraldo Korndörfer e Luís M. Sander. 2. ed. São Leopoldo: Sinodal, 2002. p. 398.

As consequências do pecado foram terríveis. De acordo com o *The Cambridge Dictionary of Christianity*, "pecado" é "qualquer atividade ou postura humana opostas a Deus e aos propósitos de Deus, separando seres humanos de Deus. Inicia um processo de destruição ruinoso para a comunidade humana, o mundo natural e os próprios pecadores".[7] Todo ser humano nasce em pecado, e ele permanece em nós, pois "Não há nenhum justo, nem um sequer; não há ninguém que entenda, ninguém que busque a Deus. Todos se desviaram, tornaram-se juntamente inúteis; não há ninguém que faça o bem, não há nem um sequer" (Romanos 3:10-12). Qualquer cultura é permeada pelo pecado, que infecta todas as áreas da vida.

DESORDENS

As consequências do pecado, relatadas em Gênesis 3:8-24, são profundas. A partir desse trecho, o pastor Timothy Keller lista quatro separações resultantes da Queda:[8]

- Entre o ser humano e Deus: homem e mulher escondem-se ao ouvirem Deus andando no jardim (v. 8);
- Entre o ser humano e si mesmo: eles percebem que estão nus (v. 10);
- Entre os seres humanos: Adão é rápido em culpar sua mulher (v. 12);
- Entre o ser humano e a natureza: a terra se torna maldita por causa dele (v. 17).

Veja que a separação entre os seres humanos decorre diretamente da separação destes em relação a Deus. Para Keller, "nossos problemas sociais são incontáveis: solidão; conflitos interpessoais, conjugais e familiares; pobreza; luta de classes; constantes confrontos e ineficiência da ordem política. Tudo isso é consequência

---

[7] PATTE, Daniel. *The Cambridge dictionary of Christianity*. Nova York: Cambridge University Press, 2010. p. 1231.
[8] KELLER, Timothy. *Ministérios de misericórdia*: o chamado para a estrada de Jericó. Trad. de Eulália Pacheco Kregness. São Paulo, Vida Nova, 2016. p. 55.

> **A dominação sobre a mulher nunca foi o plano original de Deus, mas resultado da Queda, e representa uma humanidade fragmentada que luta contra si mesma.**

do pecado".[9] A dominação sobre a mulher nunca foi o plano original de Deus, mas resultado da Queda, e representa uma humanidade fragmentada que luta contra si mesma.

Gênesis 3 foi o grande princípio das dores. Nos capítulos seguintes, vemos o pecado — e a consequente dominação sobre a mulher — espalhando-se nas mais diversas formas. Matthew Lynch, professor de Antigo Testamento, aponta uma conexão entre o surgimento da hierarquia masculina e novas formas de violência e dominação.[10]

Em Gênesis 4 lemos que Lameque, tataraneto de Caim, é o primeiro polígamo. Enquanto Deus criou o homem e a mulher em uma relação monogâmica, a cultura pecaminosa afirmava que possuir muitas mulheres era uma demonstração de poder.[11] Isso se verifica em Gênesis 6, quando "os homens começaram a ser numerosos sobre a face da terra, e lhes nasceram filhas, os filhos de Deus viram que as filhas dos homens eram belas e tomaram como mulheres todas as que lhes agradaram" (v. 1-2, BJ). Há aqui um paralelismo literário entre a ação desses "filhos de Deus" e o ato de Eva em relação ao fruto:[12]

> a mulher *viu* que a árvore parecia *agradável* ao paladar, era *atraente* aos olhos [...], *tomou do* seu fruto, comeu-o (Gênesis 3:6).

> os filhos de Deus *viram* que as filhas dos homens eram *belas* e *tomaram* como mulheres todas *[d]as* que lhes agradaram (Gênesis 6:2, BJ).

---

[9] KELLER. *Ministérios de misericórdia*, p. 59.

[10] LYNCH, Matthew J. "As raízes da violência: violência masculina contra as mulheres em Gênesis". *Center for Hebraic Thought*. Nova York, 19 jan. 2022. Disponível em: https://hebraicthought.org/as-raizes-da-violencia-violencia-masculina-contra-as-mulheres-em-genesis/. Acesso em: 25 jul. 2022.

[11] REINKE, André. *Aqueles da Bíblia*: história, fé e cultura do povo bíblico de Israel e sua atuação no plano divino. Rio de Janeiro: Thomas Nelson Brasil, 2021. p. 196.

[12] REINKE. *Aqueles da Bíblia*, p. 196.

A MULHER E AS CONSEQUÊNCIAS DO PECADO

De acordo com Lynch, esses homens olharam para as mulheres e *tiveram* de possuí-las, apoderando-se das que lhes agradaram.[13] Da mesma forma Davi agiu com Bate-Seba: ele *"viu* uma mulher muito *bonita* tomando banho [...] mandou que a *trouxessem*, e se deitou com ela" (2Samuel 11:2,4). Ele viu, gostou e tomou para si, usando de seu poder.[14]

As histórias bíblicas que relacionam poder e violência contra a mulher não terminam por aí. Atendendo à regra de ouro da hospitalidade do mundo antigo, Ló prefere oferecer suas filhas virgens aos homens de Sodoma a deixar que abusassem de seus hóspedes: "Vou trazê-las para que vocês façam com elas o que bem entenderem" (Gênesis 19:8). Diná, filha de Jacó, é violentada por Siquém, filho do governador da região: ele "viu-a, agarrou-a e a violentou" (34:2). Em Juízes, lemos que, durante a festa anual do Senhor em Siló, os benjamitas se esconderam nas vinhas e, quando as moças começaram a dançar, cada homem tomou uma para si (21:25). Ainda em Juízes, uma concubina é entregue por seu marido para ser violentada no lugar dele. Vadios na cidade "a violentaram e abusaram dela a noite toda" (19:25). Voltando para a casa na qual se hospedara, ela cai junto à porta, morta. Ela é esquartejada pelo marido, que envia cada pedaço do corpo a uma região de Israel.

Meu argumento não é que as mulheres são menos pecadoras que os homens — basta se lembrar de Jezabel e Herodias. O mundo, com certeza, não está da forma que deveria ser, e a Bíblia jamais escondeu isso. O que ressalto é que a desarmonia entre os sexos, decorrente do pecado, muitas vezes resultou em violência contra as mulheres — ocasiões em que a imagem de Deus contida em todos os humanos deixou de ser reconhecida —, e que aqueles em situações de poder tornaram-se violentos e despóticos. Esse não é um

---

[13] LYNCH. "As raízes da violência".

[14] Embora alguns imputem culpa a Bate-Seba nessa ocasião, é interessante que ela não é condenada em nenhum momento das passagens bíblicas. Natã compara-a à única cordeirinha de um homem pobre, a qual é tomada por um rico que tinha muitos bois e ovelhas (2Samuel 12). Como seria possível Bate-Seba negar a ordem do rei ao qual seu marido obedecia? Para piorar, Urias apresenta uma vida mais piedosa que Davi (2Samuel 11:11), e Davi o envia para o campo de batalha para morrer (2Samuel 11:15). Bate-Seba chora sua morte (2Samuel 11:26). Aqui novamente há uma relação direta entre poder e violência.

MULHER PODE SER PASTORA?

problema apenas do mundo antigo e precisamos estar cientes disso ao interpretar a cultura.

A CULTURA E OS PLANOS DIVINOS

Quando entendemos que as culturas estão contaminadas pelo pecado, compreendemos também que nem toda descrição cultural na Bíblia é um padrão eterno.

Quando entendemos que as culturas estão contaminadas pelo pecado, compreendemos também que nem toda descrição cultural na Bíblia é um padrão eterno. Isso não quer dizer que Deus não tenha usado as culturas para o seu propósito — ele fez isso! Porém, nem todo padrão antigo tem validade eterna. Assim, a diferença entre *descrição* e *norma* se faz crucial na leitura bíblica: se menos mulheres exerceram liderança na Bíblia, isso não quer dizer que esse seja um mandamento eterno de Deus.

Alguns exemplos aparecem logo no começo da Bíblia: Deus chamou Abraão, líder de um clã, para dar início ao seu povo; mas isso não coloca a organização em clãs como regra para nós hoje. Além disso, Abraão tinha escravos e dormiu com a escrava da própria esposa; ninguém usaria isso hoje como mandamento para ter escravos ou dormir com alguém que não seja seu cônjuge. Jacó era bígamo, e atualmente isso é inaceitável, além de constituir crime.

Mesmo a Lei mosaica às vezes admitia a realidade de um mundo cultural afetado pelo pecado; e ela procurava refrear, por meio do mandamento, o mal que o ser humano cometia.[15] Quando Jesus foi questionado a respeito do divórcio, permitido pela Lei mosaica, respondeu: "Moisés escreveu essa lei por causa da dureza de coração de vocês. *Mas no princípio da criação* Deus 'os fez homem e mulher'" (Marcos 10:5-6).

---

[15] MCCAULLEY, Esau. *Uma leitura negra*: interpretação bíblica como exercício de esperança. Trad. de Susana Klassen. São Paulo: Mundo Cristão, 2021.

A verdade é que o Senhor utiliza culturas humanas, apesar de seus pecados, todo o tempo, conforme sua grande misericórdia. (Isso não era exclusividade dos patriarcas e se dá em incontáveis áreas.) Para se revelar a nós, Deus usou idiomas humanos, como explica Paulo Won: "Deus não usou uma linguagem celestial para se comunicar com o ser humano, mas falou na língua dos homens, a saber, hebraico e aramaico no contexto do Antigo Testamento, e grego e aramaico no Novo".[16] Além disso, os escritores inspirados empregaram gêneros literários conhecidos em sua época (crônicas de reis, provérbios, canções, códigos legais, epístolas, biografias). Há muitos exemplos que nos convidam ao estudo e ao discernimento cultural.

Assim, argumentos contra a liderança feminina que se baseiam na comparativa ausência de protagonistas femininas nas narrativas bíblicas podem incorrer em anacronismos. Ao interpretarmos a Bíblia, precisamos sempre discernir as culturas que ela descreve, sem nos esquecer de que todas elas foram manchadas pelo pecado.

A PRESENÇA DE DEUS

Como vimos, o pecado afetou tanto o relacionamento entre os sexos como a cultura em geral. Existe ainda um terceiro aspecto abalado pela Queda: a presença divina.

Sabemos que, no plano divino, homem e mulher foram colocados como vice-regentes da criação. Ambos, juntos, cuidariam do espaço sagrado do jardim, onde Deus andava (Gênesis 3:8), e desempenhariam um papel sacerdotal. Com a fratura advinda do pecado, no entanto, esse ideal se desfez.

Primeiro, homem e mulher são afastados da presença de Deus. Posteriormente, na aliança de Deus feita com Moisés e com o povo, o acesso à presença concreta de Deus, no santuário, se deu de maneira bastante restrita, pois sua presença poderia ser fatal ao homem. A zona entre o sagrado e secular era perigosa. Os sacerdotes

---

[16] Veja WON, Paulo. *E Deus falou na língua dos homens*: uma introdução à Bíblia. Rio de Janeiro: Thomas Nelson Brasil, 2019. p. 82.

da aliança mosaica não podiam, por exemplo, comer das ofertas sagradas se estivessem impuros, o que poderia acontecer por diversos motivos, por exemplo, se tivessem ejaculado ou tocado em um cadáver (Levítico 22:4). Eles "trabalhavam para criar, manter e restabelecer a ordem divina simbolizada pelos sistemas de classificação do limpo/impuro e do santo/comum".[17]

Mulheres não atuavam como sacerdotisas nesse sistema, e podemos especular quão complicado seria se isso acontecesse, por conta das noções de pureza e impureza. Primeiro, uma mulher estaria impura, no mínimo, sete dias por mês devido à sua menstruação (15:19). Nesse período, os locais em que ela se sentava ou se deitava ficavam impuros. Além disso, a mulher era considerada impura após o parto: quarenta dias no caso de meninos e 66 no caso de meninas (12:1-5). Seria contraproducente evitar a maternidade num contexto social em que a mulher era fundamental para a manutenção das linhagens. Assim, a procriação e suas atividades relacionadas estavam sob domínio das mulheres, pois envolviam preocupações como "menstruação, concepção, parto, lactação e desmame".[18] Nessas circunstâncias, o sacerdócio feminino faria pouquíssimo sentido.

Contudo, as mulheres não eram as únicas excluídas das atividades sacerdotais; o sacerdócio pertencia a uma família específica (Êxodo 29:9), e os descendentes de Arão que tivessem deficiências físicas não poderiam se aproximar do altar (21:18-21).

Esse sistema, no entanto, seria provisório até a vinda do Messias, o qual constituiria um povo inteiro feito de "sacerdotes do Senhor, ministros do nosso Deus" (Isaías 61:6).

---

[17] BAKER, D. W.; ALEXANDER, T. Desmond. *Dictionary of the Old Testament*: Pentateuch. Downers Grove: IVP, 2002. Edição digital.
[18] SHAFER-ELLIOTT, Cynthia. "The material world of women and men in Scripture: gender and the ancient Israelite household". In: DURGIN, Celina; JOHNSON, Dru. *The biblical world of gender*: the daily lives of ancient women and men. Eugene: Cascade, 2022. p. 35-6. Edição digital.

● CAPÍTULO 3

A participação da mulher na redenção

Sabemos que a história não termina com o pecado. Ele trouxe morte e destruição ao mundo, separação e desarmonia entre o homem e a mulher, mas *ele não é a palavra final*. A Palavra final é a que se encarnou: Jesus Cristo, o Cordeiro de Deus que tira o pecado do mundo. A respeito da nova condição daqueles que estão em Cristo, Paulo explica:

> Todos vocês são filhos de Deus mediante a fé em Cristo Jesus, pois os que em Cristo foram batizados, de Cristo se revestiram. Não há judeu nem grego, escravo nem livre, homem nem mulher; pois todos são um em Cristo Jesus (Gálatas 3:26-28).

Isso não quer dizer que homem e mulher não sejam diferentes; estamos, porém, sob a mesma perspectiva; somos reconciliados entre nós e reconciliados com o Criador. Cristo inaugurou uma *nova humanidade* ao anunciar a chegada do reino de Deus. Para que isso se concretizasse, mulheres foram essenciais.

NASCIDO DE MULHER

É escandaloso que o Filho de Deus, além de encarnar como homem, tenha também nascido de uma mulher. Ele se inclinou a nós. O Pai poderia ter feito Jesus surgir de repente, em um lugar qualquer, com um ministério. Mas não! Ele escolheu uma jovem para a missão de trazer o Messias ao mundo. O anjo Gabriel anunciou que Maria daria à luz aquele que seria chamado "Filho do Altíssimo", cujo "reino jamais terá fim" (Lucas 1:32,33). A resposta de Maria é um exemplo de submissão para todo crente: "Sou serva do Senhor; que aconteça comigo conforme a tua palavra" (v. 38).

Ao estudar os pais da igreja, Lucy Peppiatt observa que, embora eles estivessem bem longe de ter uma visão igualitária da mulher, "viram o papel de Maria na história da salvação como teologicamente rico, uma vez que fala sobre nosso relacionamento com Deus e dele conosco".[1] Quando Maria gestou e amamentou Jesus, algo maravilhoso aconteceu:

> Jesus é feito dela, não apenas nela. Ele é feito dela e não apenas através dela. [...] Ela lhe fornece humanidade a partir de seu próprio corpo. O sangue dela forma-o, a comida dela nutre-o, seus seios alimentam-no. [...] Ele é carne da carne dela. Quando Deus decidiu vir à terra, ele escolheu esconder-se no ventre de uma mulher.[2]

Peppiatt observa ainda que existem três histórias a respeito da criação da humanidade na Bíblia: primeiro, o ser humano é feito à imagem e semelhança de Deus; segundo, o ser humano é formado do pó e a mulher é tirada do homem como carne de sua carne; por fim, a humanidade é "renascida através de um Salvador, que nasceu de uma mulher, sendo ele carne da carne dela".[3] Talvez a primeira palavra do Verbo encarnado tenha sido "mãe". Como é lindo saber que nosso Senhor quis nascer no ventre de uma mulher!

Como é lindo saber que nosso Senhor quis nascer no ventre de uma mulher!

TESTEMUNHADO POR MULHERES

Infelizmente, não há espaço para falarmos de tantas mulheres que conheceram Jesus, como a profetisa Ana, Marta, Maria e Joana,

---

[1] PEPPIATT, Lucy. *Rediscovering Scripture's Vision for Women*: Fresh Perspectives on Disputed Texts. Downers Grove: InterVarsity, 2019. Edição digital.

[2] PEPPIATT. *Rediscovering Scripture's vision for women.*

[3] PEPPIATT. *Rediscovering Scripture's vision for women.*

só para citar algumas. Uma, porém, vale a pena ser destacada: Maria Madalena.

Por séculos, Maria Madalena foi injustamente tida por prostituta. Os Evangelhos não afirmam isso, dizem que Jesus expulsou demônios dela (Marcos 16:9; Lucas 8:2) e que ela provavelmente tinha posses, pois, como outras mulheres, servia Jesus com seus bens (Lucas 8:3). Maria é incluída no grupo de mulheres que, juntamente com os Doze, acompanhava o Mestre, que "ia passando pelas cidades e povoados proclamando as boas-novas do reino de Deus" (v. 1). Marcos também a menciona como alguém que seguia e servia Jesus: "Entre elas estavam Maria Madalena, Salomé e Maria, mãe de Tiago, o mais jovem, e de José. Na Galileia elas tinham seguido e servido a Jesus. Muitas outras mulheres que tinham subido com ele para Jerusalém também estavam ali" (Marcos 15:40-41).

Maria é descrita, junto de outras mulheres, como uma testemunha ocular da ressurreição em todos os Evangelhos, anunciando-a aos apóstolos. Parte do papel apostólico consistia em ser uma testemunha da ressurreição (veja Atos 1:22; 2:32) e por isso Maria Madalena é chamada por Tomás de Aquino de "apóstola para os apóstolos".

É verdade que o testemunho de mulheres foi desacreditado, pois, naquela cultura, mulheres eram vistas como instáveis e não confiáveis.[4] Os próprios discípulos não creram no anúncio delas, pois "as palavras delas lhes pareciam loucura" (Lucas 24:11). Porém, é maravilhoso o fato de que isso não tenha tido importância para Deus: Jesus escolheu revelar sua ressurreição primeiro às suas discípulas, de forma que sua primeira palavra após a ressurreição foi "Mulher" (João 20:13). A primeira mulher da história entregou a Adão o fruto

> **A primeira mulher da história entregou a Adão o fruto proibido; já a primeira mulher que encontrou o Cristo ressurreto, o novo Adão, levou a mensagem da ressurreição aos outros.**

---

[4] KEENER, Craig. *Comentário histórico-cultural da Bíblia*: Novo Testamento. São Paulo: Vida Nova, 2020. p. 287.

proibido; já a primeira mulher que encontrou o Cristo ressurreto, o novo Adão, levou a mensagem da ressurreição aos outros.

A REDENÇÃO E O SACERDÓCIO

Por meio da redenção conquistada na cruz, uma mudança maravilhosa acontece também envolvendo as mulheres. Ao ingressar na família da fé, não apenas elas, mas também os gentios e toda sorte de pessoas podem tornar-se sacerdotes do Deus Altíssimo. Essa é uma mensagem importantíssima do evangelho de Cristo.

O autor aos Hebreus explica que:

> Os sacerdotes entravam regularmente no Lugar Santo do tabernáculo, para exercer o seu ministério. No entanto, somente o sumo sacerdote entrava no Santo dos Santos, apenas uma vez por ano, e nunca sem apresentar o sangue do sacrifício, que ele oferecia por si mesmo e pelos pecados que o povo havia cometido por ignorância (Hebreus 9:6-7).

Essa situação se altera com a vitória de Jesus, que entrou "Não por meio de sangue de bodes e novilhos, mas pelo seu próprio sangue [...] no Santo dos Santos, de uma vez por todas, e obteve eterna redenção" (v. 12). Agora, *todo* crente pode "entrar no Santo dos Santos pelo sangue de Jesus, por um novo e vivo caminho que ele nos abriu por meio do véu, isto é, do seu corpo" (10:19-20).

Unido à videira verdadeira, todo crente é também um sacerdote. Pedro explica que estamos nos tornando "sacerdócio santo, oferecendo sacrifícios espirituais aceitáveis a Deus, por meio de Jesus Cristo" (1Pedro 2:5) e que somos "geração eleita, sacerdócio real" (v. 9). Apocalipse nos lembra de que Jesus "nos constituiu reino e sacerdotes para servir a seu Deus e Pai" (1:6).

No século 16, a doutrina do sacerdócio de todos os crentes foi muito importante para Martinho Lutero. Partindo dela, o reformador convocou os nobres alemães a abraçar a Reforma, enfatizando a responsabilidade deles de confrontar a cúria romana. Sobre o sacerdócio geral, Lutero explica que, "em caso de necessidade, cada um pode batizar e absolver, o que não seria possível se não fôssemos sacerdotes",[5] e que "quem saiu do Batismo pode gloriar-se de já estar ordenado sacerdote, bispo e papa".[6] No entanto, como todos temos o mesmo poder para exercer esse ofício, ninguém deve fazê-lo sem "a vontade e ordem da comunidade".[7]

Sim, está correto dizer que Deus fez de suas filhas sacerdotisas, e isso está diretamente ligado à missão para a qual Jesus nos envia.

A MISSÃO

Finalmente, quando Jesus foi elevado aos céus, ele deixou uma clara missão: "Mas receberão poder quando o Espírito Santo descer sobre vocês, e serão minhas testemunhas em Jerusalém, em toda a Judeia e Samaria, e até os confins da terra" (Atos 1:8).

Não apenas os homens, mas também as mulheres receberam poder para testemunhar a descida do Espírito Santo à casa em que elas e eles estavam reunidos por ocasião do Pentecostes (2:4). Isso cumpriu a profecia de Joel: "Os seus filhos e *as suas filhas* profetizarão" (Joel 2:17)!

Dessa forma, mulheres que se tornam filhas de Deus fazem parte do sacerdócio real, sendo comissionadas, capacitadas e autorizadas por Jesus, por meio do Espírito Santo, para atuarem como testemunhas de sua morte e ressurreição, anunciando e expandindo o reino de Deus até que Cristo venha.

---

[5] LUTERO, Martinho. *Obras selecionadas*: o programa da Reforma — escritos de 1520. Trad. de Martin N. Dreher, Ilson Kayser, Claudio Molz, Walter O. Schlupp, Luiz M. Sander. 4. ed. São Leopoldo: Sinodal; Porto Alegre: Concórdia; Canoas: Ulbra. 2016. p. 282.
[6] LUTERO. *Obras selecionadas*, p. 283.
[7] LUTERO. *Obras selecionadas*, p. 283.

Já tinham desistido os camponeses de Israel, já tinham desistido, até que eu, Débora, me levantei; levantou-se uma mãe em Israel.

JUÍZES 5:7

PARTE 2:

A MULHER NO MINISTÉRIO

● CAPÍTULO 4

A mulher e o profetismo

Considerando o que já vimos sobre a mulher na história da redenção, olhemos agora as diferentes atuações ministeriais da mulher na Bíblia, para consolidar nossa compreensão do pastorado feminino. Às vezes elas passam despercebidas, mas nada que uma boa lupa não possa resolver.

No Antigo Testamento, encontramos profetisas como Miriam, Débora e Hulda. Suas histórias mostram como Deus, em sua infinita sabedoria, escolhe também mulheres para papéis de liderança, mesmo em mundo com estruturas sociais diferentes das nossas. As três exerceram autoridade espiritual e religiosa sobre o povo — isto é, também sobre homens.

No Antigo Testamento, o profeta é "portador da palavra de Deus, que lhe inspira imediatamente o que ele deve dizer em determinada circunstância; o instrumento de uma atual revelação de Deus".[1] Assim, profeta é não apenas quem prevê o futuro, mas sobretudo aquele que fala em nome de Deus. Eles "eram mais pregadores, no sentido mais alto do termo, do que mestres ou prognosticadores".[2] São chamados de "porta-vozes de uma palavra viva de Deus",[3] pois essa é sua função fundamental.[4] A palavra proferida pelo profeta é

---

[1] VAUX, Roland de. *Instituições de Israel no Antigo Testamento*. Trad. de Daniel de Oliveira. São Paulo: Vida Nova, 2014. p. 393.
[2] SCOTT, R. B. Y. *Os profetas de Israel*: nossos contemporâneos. Trad. de Joaquim Beato. São Paulo: Aste, 1968. p. 24.
[3] SCOTT. *Os profetas de Israel*, p. 23.
[4] BALLARINI, Teodorico; BRESSAN, Gino. *O profetismo bíblico*: uma introdução ao profetismo e profetas em geral. Trad. de Oswaldo Furlan. Petrópolis: Vozes, 1978. p. 10.

A MULHER E O PROFETISMO

autoritativa, pois provém do próprio Deus; por isso vemos profetas repreendendo reis e sumos sacerdotes.

A vocação profética estava conectada a um chamamento porque não existe verdadeiro profeta sem vocação divina.[5] Algumas vezes, a função era temporária; outras, permanente. Eles, ao lado dos sacerdotes e dos reis, eram mediadores entre Deus e o povo; porém, enquanto o sacerdote o era por pertencer a uma linhagem instituída, o rei e o profeta o eram por carisma, isto é, por uma escolha divina específica.[6] O levantar de profetas pelo Senhor já havia sido anunciado em Deuteronômio: "O Senhor me disse: '[...] Levantarei do meio dos seus irmãos um profeta como você; porei minhas palavras na sua boca, e ele lhes dirá tudo o que eu lhe ordenar'" (Deuteronômio 18:17-18). Como nos lembra o teólogo Christopher Wright, "algumas das pessoas mais notáveis que exerceram o ministério profético foram mulheres".[7]

MIRIÃ

Miriã é a primeira mulher a ser identificada como profetisa, sendo citada por ocasião da travessia do mar Vermelho: "Então Miriã, a profetisa, irmã de Arão, pegou um tamborim e todas as mulheres a seguiram, tocando tamborins e dançando" (Êxodo 15:20). Ela costuma ser identificada como a irmã de Moisés que cuidou do cesto no Nilo e que falou com a filha do faraó (2:1-8), o que se mostra coerente com a genealogia de Números 26:59: "o nome da mulher de Anrão era Joquebede, descendente de Levi, que nasceu no Egito. Ela lhe deu à luz Arão, Moisés e Miriã, irmã deles".

Miriã faz parte do grupo pré-monárquico de pessoas que foram chamadas de profetas, como Abraão (Gênesis 20:7) e Moisés (Deuteronômio 34:10). Alguns trechos bíblicos nos dão pistas de sua atuação.

É bastante provável que ela exercesse certa liderança, visto que conduziu todas as mulheres do povo na dança e no canto. A revolta

---

[5] BALLARINI; BRESSAN. *O profetismo bíblico*, p. 33.
[6] VAUX. *Instituições de Israel no Antigo Testamento*, p. 395.
[7] WRIGHT, Christopher. *Como pregar e ensinar com base no Antigo Testamento*. Trad. de Cecília Eller. São Paulo: Mundo Cristão, 2018. p. 171.

MULHER PODE SER PASTORA?

de Miriã e Arão contra Moisés indica de modo sutil esse possível papel: "'Será que o Senhor tem falado apenas por meio de Moisés?' [...] 'Também não tem ele falado por meio de nós?'" (Números 12:2). Se Deus não falasse também por meio dela, como Miriã poderia fazer essa reivindicação ao lado de seu irmão, que era sumo sacerdote? Quando ela ficou isolada por conta da lepra, que veio sobre ela como castigo de Deus, o povo não avança até que ela retorne (v. 15), o que mostra amplamente sua importância. Sua morte é chorada como a de outros líderes (20:1).

No livro de Miqueias, o Senhor menciona Miriã liderando o povo ao lado dos irmãos: "Meu povo, o que fiz contra você? Fui muito exigente? Responda-me. Eu o tirei do Egito, e o redimi da terra da escravidão; enviei Moisés, Arão e Miriã para conduzi-lo" (Miqueias 6:3-4). Seu papel foi tão representativo que diversas mulheres importantes do Novo Testamento receberam o mesmo nome que ela, em sua tradução grega: Maria.[8]

DÉBORA

Débora, talvez, seja a líder mais proeminente do Antigo Testamento e, por isso mesmo, se tornou uma pedra no sapato de algumas teologias. Sobre ela recai um carisma duplo: é juíza e profetisa. Os juízes eram levantados pelo Senhor para libertar o povo "das mãos daqueles que os atacavam" (Juízes 2:16).

Ela é mencionada pela primeira vez em Juízes 4, quando o povo de Deus era oprimido: "Os israelitas clamaram ao Senhor, porque Jabim, que tinha novecentos carros de ferro, os havia oprimido cruelmente durante vinte anos. Débora, uma profetisa, mulher de Lapidote, *liderava* Israel naquela época" (v. 3-4). A ARF traz: "E Débora, mulher profetisa, mulher de Lapidote, *julgava* a Israel naquele tempo". A palavra *shaphat*, que significa julgar, liderar, é a mesma utilizada com relação a Samuel: "E Samuel *julgou* a Israel

---

[8] MEYERS, Carol et al. (orgs.). *Women in Scripture*: a dictionary of named and unnamed women in the Hebrew Bible, the Apocryphal/Deuterocanonical books, and the New Testament. Boston/Nova York: Houghton Mifflin, 2000.

38

A MULHER E O PROFETISMO

todos os dias da sua vida" (1Samuel 7:15, ACF). Ela aparece também quando o povo pede a Samuel um rei: "constitui-nos, pois, agora um rei sobre nós, para que ele nos *julgue*, como o têm todas as nações" (1Samuel 8:5, ARF).

Isso implica que Débora, como os demais juízes, liderava o povo e era responsável por tomar decisões: "Ela se sentava debaixo da tamareira de Débora, entre Ramá e Betel, nos montes de Efraim, e *os israelitas a procuravam, para que ela decidisse as suas questões*" (Juízes 4:5). Similarmente, "[Samuel] a cada ano percorria Betel, Gilgal e Mispá, *decidindo* as questões de Israel em todos esses lugares" (1Samuel 7:16). Débora e Samuel faziam o mesmo que Moisés: "No dia seguinte Moisés assentou-se para *julgar* as questões do povo" (Êxodo 18:13).

Além de juíza, Débora também é profetisa, algo que só ocorre novamente no caso de Samuel. Na condição de porta-voz de Deus, Débora convoca Baraque para a guerra, entregando uma ordem direta do Senhor (Juízes 4:6); tem autoridade para repreendê-lo quando ele se recusa a ir sem ela (v. 8); e por fim o abençoa: "Vá! Este é o dia em que o Senhor entregou Sísera em suas mãos. O Senhor está indo à sua frente!" (v. 14).

Teólogos contrários à liderança feminina não têm conseguido encaixar Débora em suas sistematizações. Por isso, ideias mirabolantes têm surgido a respeito de sua atuação. Vejamos algumas, e as respostas a elas.

1. **"Débora, como liderança feminina, era um sinal do juízo de Deus."**

   Se isso fosse verdade, teríamos uma contradição com o texto bíblico, que, conforme explicitado acima, nos apresenta a dominação dos outros povos sobre Israel como juízo de Deus (Juízes 2:15) e o levantar de juízes para libertá-los como misericórdia divina (v. 18). Assim, o liderar de Débora faz parte da *misericórdia de Deus*. Como nos diz o cântico: "Restavam poucos nos povoados de Israel, até que Débora se levantou como mãe para Israel" (5:7, NVT).

2. **"Débora era uma líder apenas civil, não religiosa."**

Tal separação nem sequer existia naquela época; os governantes "civis" também eram governantes religiosos. O rei, por exemplo, devia estabelecer justiça e juízo, e "a executava como representante da autoridade divina com a qual ele havia sido investido quando ascendeu ao trono".[9] Como nos apresenta o texto bíblico, os juízes eram levantados por Deus (2:18). Além disso, Débora era também profetisa, sendo porta-voz de Deus. Ela era uma liderança civil, religiosa e espiritual.

3. **"Deus levantou Débora porque não havia homens disponíveis."**

Será? Deus chamou Gideão, que estava escondendo trigo (Juízes 6). Ele preparou o nascimento de Sansão já no ventre (Juízes 13). Fez soprar um forte vento sobre o mar quando Jonas fugiu (Jonas 1:3-4). Disponibilidade não é, exatamente, um requisito para o Senhor. Deus poderia ter levantado apenas Baraque, chamando-o, como fez com Gideão.

Quando Débora convocou Baraque, ela lhe assegurou que Deus entregaria os inimigos nas mãos dele na batalha (Juízes 4:7). Baraque, no entanto, pede que ela vá com ele (v. 8). É muito provável que o guerreiro acreditasse que a presença de Débora, como porta-voz de Deus, faria diferença na luta. Embora Débora acate o pedido, ela o repreende por essa atitude (Juízes 4:9), que, em geral, demonstra falta de confiança na palavra do Senhor.

De qualquer forma, os dois são celebrados lado a lado no cântico: "Naquele dia, Débora e Baraque, filho de Abinoão, entoaram este cântico: 'Consagrem-se para a guerra os chefes de Israel. Voluntariamente o povo se apresenta. Louvem o Senhor! [...] Desperte, Débora! Desperte! Desperte, desperte, irrompa em cânticos! Levante-se, Baraque! Leve presos os seus prisioneiros, ó filho de Abinoão!" (Juízes 5:1-2,12).

---

[9] WALTON. *Teologia do Antigo Testamento para cristãos*, p. 305.

A MULHER E O PROFETISMO

4. **"Débora apresenta uma situação não ideal em Israel, pois 'não havia rei em Israel; cada um fazia o que lhe parecia certo'" (Juízes 21:25).**

De fato, todos os juízes são levantados para salvar o povo, que estava sob castigo causado por seu pecado. Contudo, conforme já discorrido, a liderança de Débora está relacionada à misericórdia de Deus. Além disso, a monarquia não é o ideal divino, pois o livro de Juízes é igualmente crítico a esse sistema. Após a vitória sobre Midiã, por exemplo, o povo pede que Gideão e sua descendência reinem ali. Gideão, porém, se recusa: "Não reinarei sobre vocês, [...] nem meu filho reinará sobre vocês. O Senhor reinará sobre vocês" (Juízes 8:23). No livro seguinte, o povo pede um rei a Samuel. O Senhor, então, fala ao profeta: "não foi a você que rejeitaram; foi a mim que rejeitaram como rei" (1Samuel 8:7). Samuel adverte veementemente o povo acerca dessa escolha. Deus transforma o mal em bem, estabelecendo Davi como rei ungido, que apontaria para o Messias Jesus. No entanto, a história da monarquia é banhada em derramamento de sangue, intrigas e idolatria.

5. **"Baraque é citado na galeria dos heróis da fé no livro de Hebreus, mas Débora não, o que mostra que Deus não aprovava sua liderança."**

Essa afirmação não faz sentido, por tudo que já vimos sobre Débora. Além disso, a juíza não deixa de estar na lista como profetisa: "Que mais direi? Não tenho tempo para falar de Gideão, Baraque, Sansão, Jefté, Davi, Samuel e os profetas" (Hebreus 11:32). Se não fosse assim, muitas outras figuras importantes estariam excluídas. No mais, essa não é uma lista de lideranças, e sim exemplos de fé. São citados Sara, Raabe e os pais de Moisés, pessoas que não eram líderes.

HULDA

A profetisa Hulda aparece no texto bíblico dentro do profetismo, que surge com a ascensão da monarquia, fazendo parte do

MULHER PODE SER PASTORA?

grupo de profetas que confrontavam e orientavam os reis. O protagonismo do profetismo, de fato, cresce nessa nova etapa da história de Israel.[10] Encontramos a história de Hulda em 2Reis 22:8-10 e 2Crônicas 34:14-28, em meio ao reinado de Josias.

Josias era um rei que temia ao Senhor, diferentemente de seu avô Manassés, que havia sido idólatra, a ponto de erigir uma estátua de Aserá dentro do próprio templo do Senhor, além de ter assassinado muitos inocentes. O pai de Josias, Amom, também fora idólatra, sendo morto por seus próprios oficiais. Assim, Josias começou a reinar aos 8 anos.

Anos depois de assumir o reino, durante uma reforma do templo, feita sob seu comando, o sumo sacerdote Hilquias encontrou o Livro da Lei. Quando Josias ouviu palavras do Livro, rasgou as próprias roupas, pois viu que seus antepassados não cumpriram o que ali havia sido dito. Em seguida, constituiu uma comitiva com a seguinte instrução: "Vão consultar o Senhor por mim, pelo povo e por todo o Judá acerca do que está escrito neste livro que foi encontrado" (2Reis 22:13).

Aquela comitiva, formada por importantes homens, foi ao bairro novo de Jerusalém para encontrar a profetisa Hulda, "mulher de Salum, filho de Ticvá e neto de Harás, responsável pelo guarda-roupa do templo" (v. 14). Ela lhes entregou a palavra de juízo do Senhor (v. 15-20), e o texto bíblico diz que os homens da comitiva "levaram a resposta ao rei" (v. 20). Linda Belleville salienta:

> Embora houvesse outros profetas de prestígio ao redor (por exemplo, Jeremias, Sofonias, Naum e Habacuque), foi o conselho de Hulda a respeito do Livro da Lei que o rei Josias buscou (2Reis 22:11-14). A grande e proeminente delegação enviada a ela [...] diz algo sobre sua importância. A confiança deles estava bem depositada, pois foi o conselho de Hulda que inspirou as conhecidas reformas religiosas do século 7 a. C.[11]

---

[10] ANDIÑACH, Pablo R. *Introdução hermenêutica do Antigo Testamento*. Trad. de Mônica Malschitzky. São Leopoldo: Sinodal/EST, 2015. p. 170.
[11] BELLEVILLE, Linda L. "Women in ministry: an egalitarian perspective".

A MULHER E O PROFETISMO

Tanto a comitiva como "os líderes de Israel, incluindo o rei, os anciãos, os profetas e o povo, aceitaram sua palavra como divinamente revelada".[12] Hulda revela uma palavra sagrada a respeito do Livro da Lei, a palavra sagrada registrada.

LEVANDO A PALAVRA E LIDERANDO

Para o mundo protestante, o ofício pastoral está diretamente ligado à pregação da palavra. Em algumas tradições, somente o ministro ordenado pode pregar quando o povo cristão se reúne. John Stott explica que, de maneira correta, "podemos esperar ouvir a voz do próprio Deus" na pregação, e essa voz "exige uma resposta de obediência".[13]

Ora, entendemos que os profetas eram porta-vozes diretos de Deus, sendo considerados mediadores — e as profetisas faziam parte desse grupo. O sumo sacerdote submeteu-se à Palavra de Deus entregue por Hulda; além disso, foi diante dela que a comitiva compareceu quando o rei os enviou para consultar a *Deus*.

No Novo Testamento, mulheres continuaram profetizando (falando em nome de Deus), até mesmo em reuniões de cristãos, como nos apontam passagens que serão estudadas no próximo capítulo. Pensando nos dias de hoje, acaso a Bíblia perde autoridade como palavra de Deus quando pregada por mulheres?

> **Acaso a Bíblia perde autoridade como palavra de Deus quando pregada por mulheres?**

Por fim, há de se pensar na autoridade carregada pelas profetisas por serem porta-vozes de Deus. Não à toa as pessoas iam até Débora, que "liderava Israel naquela época" (Juízes 4.4), para que ela tomasse decisões por elas, como fizeram posteriormente com Samuel.

---

[12] PAYNE, Philip; HUFFAKER, Vince. *Why can't women do that?*: Breaking Down the Reasons Churches Put Men in Charge. Boulder: Vinati, 2021. p. 62.

[13] STOTT, John. "Uma definição de pregação bíblica". In: ROBINSON, Haddon; LARSON, Craig B. (orgs.). *A arte e o ofício da pregação bíblica*. Trad. de Valdemar Kroker, Daniel Hubert Kroker, Rebeca Hubert Kroker. São Paulo: Shedd, 2009. p. 31-2.

● CAPÍTULO 5

Mulheres diaconisas, missionárias e apóstolas

Quando chegamos às páginas do Novo Testamento, vemos o aumento do número de ministérios desempenhados por mulheres. Porém, antes de nos deter neles, vejamos quais foram os fundamentos teológicos que Jesus estabeleceu a respeito do assunto.

Um texto importante sobre esse tema é Lucas 22. Logo após a última ceia, os discípulos discutiam qual deles seria o maior. A resposta de Jesus lança as bases da liderança cristã:

> Os reis das nações dominam sobre elas; e os que exercem autoridade sobre elas são chamados benfeitores. Mas vocês não serão assim. Ao contrário, o maior entre vocês deverá ser como o mais jovem, e aquele que governa, como o que serve. Pois quem é maior: o que está à mesa, ou o que serve? Não é o que está à mesa? Mas eu estou entre vocês como quem serve (Lucas 22:25-27).

Para o Mestre, líder é aquele que *serve*, termo que vem do verbo grego *diakoneó*, do qual deriva a palavra "diaconia". Em muitas passagens da Bíblia, a palavra grega *diakonia* é traduzida por "ministério". Entende-se assim que o ministério é uma forma de serviço.

O que seria então, para o Novo Testamento, um ministro? A discussão sobre cargos ministeriais permanece nebulosa ao longo de

44

Atos e das epístolas. Para o teólogo James Dunn, o tema do ministério é um dos mais diversos da Bíblia.[1] O autor defende que, nos primeiros anos do cristianismo, as diversas igrejas desenvolveram formas de organizar os ministérios.

Paulo, por exemplo, entendia o corpo de Cristo como uma comunidade carismática, na qual as funções equivaliam aos dons do Espírito Santo. Para ele, "ninguém pode ser membro do corpo sem ser um veículo do ministério do Espírito para o corpo". Por isso, nessa concepção, "o ministério nas igrejas paulinas pertencia a todos". Não é à toa que "Paulo exorta *todos* os membros das diferentes comunidades a admoestar, julgar e confortar".[2] Lideranças existiam, mas toda a comunidade era convocada a atuar, conforme os dons distribuídos. Essa multiplicidade de dons devia ser usada para o bem comum do corpo: "Temos diferentes dons, de acordo com a graça que nos foi dada" (Romanos 12:6; veja também os versículos 7 e 8).

Entendemos que os dons são dados pelo Espírito Santo livremente, sem distinção de gênero. Parafraseando o teólogo Michael Bird, não há dons em rosa e dons em azul; um homem pode receber o dom da misericórdia, e uma mulher, o da liderança.[3] Esse é um princípio do Pentecostes, no qual homens *e* mulheres falaram em línguas.

Mas a concepção ministerial de Paulo não para por aí. Ele também reconhecia ministérios mais específicos, como aqueles apontados aos efésios: "E ele designou alguns para apóstolos, outros para profetas, outros para evangelistas, e outros para pastores e mestres, com o fim de preparar os santos para a obra do ministério, para que o corpo de Cristo seja edificado" (4:11-12).

O historiador Earle Cairns chama esses ministérios de "ofícios carismáticos", nos quais os ministros eram "selecionados especialmente por Cristo através do Espírito Santo para exercer a liderança

---

[1] DUNN, James D. G. *Unidade e diversidade no Novo Testamento*. Santo André: Academia Cristã, 2009. p. 214.

[2] DUNN, *Unidade e diversidade no Novo Testamento*, p. 203.

[3] BIRD, Michael F. *Bourgeois babes, bossy wives, and bobby haircuts*: Fresh Perspectives on Women in Ministry. Grand Rapids: Zondervan, 2012. Edição digital.

da igreja".[4] Temos o registro bíblico de mulheres ocupando alguns desses ofícios. Sabemos, por exemplo, que o evangelista Filipe tinha quatro filhas virgens que profetizavam (Atos 21:9), e Eusébio de Cesareia as descreve como evangelistas célebres de seu tempo.[5]

Assim como no Antigo Testamento, as profecias no Novo Testamento não eram subestimadas. Para os cristãos primitivos, as distinções entre profecia, proclamação, tradição oral e sermão não eram claras,[6] de modo que "os profetas pareciam estar entre os líderes mais influentes da igreja no Novo Testamento".[7] Paulo explica que os crentes estão "edificados sobre o fundamento dos apóstolos e dos profetas" (Efésios 2:20) e que os profetas foram estabelecidos após os apóstolos: "Assim, na igreja, Deus estabeleceu primeiramente apóstolos; em segundo lugar, profetas; em terceiro lugar, mestres" (1Coríntios 12:28). Na Didaquê, é afirmado que os bispos e diáconos "exercem [...] o mesmo ministério dos profetas e dos mestres",[8] estes dois últimos identificados como líderes da igreja de Antioquia em Atos 13:1. Sabemos também que havia mulheres em Corinto que profetizavam, a fim de que os irmãos fossem "instruídos e encorajados" (14:31).

Tendo em mente que mulheres exerceram o ofício profético desde o Antigo Testamento, que isso continuou no Novo e que os profetas foram importantes líderes na igreja primitiva, podemos concluir que as mulheres eram parte daquela liderança.

MINISTRAS EM ROMANOS 16

Romanos 16 é uma boa fonte de outros ofícios praticados por mulheres. Nesse trecho, Paulo saúda o maior número de pessoas de

---

[4] CAIRNS, Earle E. *O cristianismo através dos séculos*: uma história da igreja cristã. Trad. de Israel Belo de Azevedo, Valdemar Kroker. São Paulo: Vida Nova, 2008. p. 68.

[5] EUSÉBIO DE CESAREIA. *História eclesiástica*. Trad. de Wolfgang Fischer. São Paulo: Novo Século, 2022. p. 109.

[6] BOYD S. E.; GLOER, W. H. (orgs.). *God's Word and our words*: preaching from the prophets to the present and beyond. Eugene: Pickwick, 2019. Edição digital.

[7] CAIRNS. *O cristianismo através dos séculos*, p. 69.

[8] DIDAQUÊ. *O catecismo dos primeiros cristãos para as comunidades de hoje*. São Paulo: Paulinas, 1989. p. 27.

MULHERES DIACONISAS, MISSIONÁRIAS E APÓSTOLAS

todas as suas cartas! Muitas são dirigidas a mulheres, algumas das quais com importantes ministérios. É possível que não costumemos dar muita atenção às saudações, mas talvez devamos olhá-las com mais cuidado. O capítulo 16 inicia com a recomendação a Febe, que carrega a carta de Paulo aos Romanos. A pessoa que portava uma carta também era responsável por lê-la e explicar trechos incompreendidos. Devido a isso, talvez Febe tenha sido a primeira intérprete de Romanos!

> Recomendo-lhes nossa irmã Febe, serva [*diakonon*] da igreja em Cencreia. Peço que a recebam no Senhor, de maneira digna dos santos, e lhe prestem a ajuda de que venha a necessitar; pois tem sido de grande auxílio [*prostatis*] para muita gente, inclusive para mim (Romanos 16:1-2).

Craig Keener explica que "círculos judaicos e greco-romanos [...] não tinham em alta conta a sabedoria religiosa das mulheres",[9] por isso Paulo é enfático ao destacar as belas qualidades espirituais da irmã: *diakonon* na igreja em Cencreia e *prostatis* de muitos.

O termo *prostatis* pode ser traduzido por "protetora, benfeitora ou patrona". O patrono de uma associação religiosa era uma pessoa de posses, e era comum que houvesse reuniões em sua casa; era também "um membro honrado e importante do grupo".[10] É possível que Febe hospedasse muitos cristãos ou até mesmo que uma igreja se reunisse em seu lar. Ela não era um caso isolado, pois há registro de outras mulheres benfeitoras na mesma época.[11]

Diakonon deriva de *diakoneo*, que vimos anteriormente. Embora diversas traduções brasileiras apresentem Febe como *serva* da igreja em Cencreia, o termo original pode ser traduzido por "diácono" ou "ministro", podendo se referir a ambos os gêneros — desse modo, Febe seria "diácono da igreja em Cencreia", ainda que traduções brasileiras optem por "diaconisa" para harmonizar com nossa

---

[9] KEENER, Craig. *Comentário histórico-cultural da Bíblia*, p. 543.

[10] KEENER, *Comentário histórico-cultural da Bíblia*, p. 544.

[11] MILLER, J. David. "What can we say about Phoebe?". *Priscilla Papers*, Mineápolis, vol. 25, n. 2, 2011. p. 16.

47

língua. A palavra "diaconisa" é empregada nas versões da Bíblia de Jerusalém, na King James Atualizada, na Nova Tradução na Linguagem de Hoje e em nota de rodapé na Nova Versão Internacional e na Almeida 21. A Nova Almeida Atualizada (2017) também optou por "diaconisa" em sua publicação, mas, ao receber reclamações — uma delas insinuando que a Sociedade Bíblica do Brasil estaria cedendo "ao espírito do século"—, a editora voltou atrás e trocou a palavra pela expressão "que está servindo na igreja de Cencreia". Essa foi uma mudança bastante triste, pois "diaconisa" é uma tradução totalmente possível e assegurada pela interpretação histórica (Clemente de Alexandria seria um feminista?). As reclamações que levaram a revogá-la são um exemplo de que a preocupação nem sempre é com o *Sola Scriptura* ou com a tradição.

Possivelmente Febe era líder em sua comunidade, o que era comum para os chefes das casas (trataremos disso no próximo capítulo). O termo *diakonos* foi um dos primeiros a adquirir caráter formal na igreja, uma vez que, segundo o ensinamento de Jesus, líder é o que serve. Outros recebem o título: Epafras é "amado cooperador, fiel ministro [*diakonos*] de Cristo para conosco", que ensinou "a graça de Deus em toda a sua verdade" (Colossenses 1:6-7); Tíquico, o portador da carta aos Colossenses, foi "um irmão amado, ministro [*diakonos*] fiel e cooperador no serviço do Senhor" (4:7).

Febe, porém, é uma *diakonos* ligada a uma igreja local. Embora a tradução *serva* seja uma possibilidade, no caso dela, parece se referir a um ofício especial, e não a uma qualidade genérica. Assim, o *Léxico do Novo Testamento* de Gingrich e Danker entende que ela foi uma *diakonos* em caráter oficial ou semioficial;[12] e o teólogo Dunn afirma que Febe foi a primeira *diakonos* da qual se tem registro na história da igreja.[13]

De qualquer forma, ainda era cedo para falar de diaconato feminino nos termos pelos quais foi entendido em 1Timóteo 3 e na história da igreja. A diaconia feminina foi reconhecida por pais da

---

[12] GINGRICH, F. Wilbur; DANKER, Frederick W. *Léxico do Novo Testamento*: grego, português. Trad. de Júlio Paulo Tavares Zabatiero. São Paulo: Vida Nova, 2019. p. 53.
[13] DUNN, J. *Romans 9—16*. Grand Rapids: Zondervan Academic, 2018. Vol. 38B. Edição digital.

igreja como Orígenes, Clemente de Alexandria e João Crisóstomo. E a posteridade reconheceu o serviço de Febe — no monte das Oliveiras, encontrou-se a inscrição de uma diaconisa chamada Sophia: "Aqui jaz a escrava e noiva de Cristo Sofia, diaconisa, a segunda Febe".[14]

PRISCILA

Talvez Priscila seja minha personagem feminina preferida do Novo Testamento: mestre, evangelista e plantadora de igrejas! Nas saudações de Romanos, Priscila e seu marido, Áquila, são citados nas saudações do apóstolo: "Saúdem Priscila e Áquila, meus colaboradores em Cristo Jesus. Arriscaram a vida por mim. Sou grato a eles; não apenas eu, mas todas as igrejas dos gentios. Saúdem também a igreja que se reúne na casa deles" (Romanos 16:3-5).

Segundo Dunn, "Priscila e Áquila foram duas das pessoas mais importantes no empreendimento missionário de Paulo, e por isso a posição no topo da lista de saudações".[15] São chamados pelo apóstolo de "colaboradores" (*synergous*), o termo que Paulo utiliza em referência aos seus cooperadores no trabalho missionário, como Timóteo, Filemom, Marcos, Lucas e Tito (Romanos 16:21; 2Coríntios 8:23; Filemom 1:1,24).[16] Paulo agradece-lhes por terem arriscado a vida por ele. Além dele, "todas as igrejas dos gentios" lhes demonstram gratidão, revelando que o ministério do casal equivalia ao trabalho dos atuais plantadores de igreja.[17]

Nas seis vezes em que o casal é mencionado no Novo Testamento, seus nomes aparecem lado a lado. Porém, é bastante surpreendente que, em quatro passagens, o nome de Priscila venha antes que o do

---

[14] HORSLEY, G. H. R. et al. (orgs). *New documents illustrating early Christianity*: a review of Greek inscriptions and papyri published in 1979. Sidney: Macquarie University, 1987. Vol. 4. p. 239.

[15] DUNN, J. *Comentário à Carta de Paulo aos Romanos*. Trad. de Hans Udo Fuchs. São Paulo: Paulus/Academia Cristã, 2022. p. 1296.

[16] MEYERS et al. (orgs). *Women in Scripture*.

[17] BELLEVILLE, Linda. Women leaders in the Bible. In: PIERCE, Ronald W. Pierce; GROOTHUIS, Rebecca Merrill (org.). *Discovering Biblical Equality*: Complementarity without hierarchy. 2. ed. Downers Grove: IVP, 2005. p. 122.

marido — uma redação muito incomum em uma sociedade patriarcal como a greco-romana. Algumas hipóteses são levantadas a esse respeito: talvez Priscila fosse a mais proeminente dos dois, tivesse um status social mais elevado,[18] ou se destacasse no ministério. O fato de seu nome aparecer antes do nome do marido incomodou tanto um copista do século 6 que ele fez questão de corrigir a ordem em Atos 18:16, colocando o nome de Áquila na frente, e omitindo o nome de Priscila em outros versículos.[19] O apagamento de mulheres da Bíblia não é algo novo, e a presença delas no ministério do Novo Testamento incomoda cristãos até hoje.

> **O apagamento de mulheres da Bíblia não é algo novo, e a presença delas no ministério do Novo Testamento incomoda cristãos até hoje.**

O nome de Priscila também aparece antes do nome do cônjuge em Atos 18:24-26. Enquanto a família vivia em Éfeso, um judeu culto chamado Apolo apareceu na cidade, ensinando fervorosamente sobre Jesus e falando corajosamente na sinagoga. Ele, porém, só conhecia o batismo de João. Por isso, "Quando Priscila e Áquila o ouviram, convidaram-no para ir à sua casa e lhe explicaram (*exethento*) com mais exatidão o caminho de Deus" (v. 26). Nesse contexto, o nome de Priscila é mencionado primeiro, uma sugestão de que ela "possuía as habilidades dominantes de ministério e liderança da dupla"[20] e de que tenha sido a principal mestre de Apolo.[21]

Embora seja um episódio claro em que uma mulher tenha ensinado um homem, alguns dizem que Priscila não o ensinou e que a frase "explicaram com mais exatidão" seria uma espécie de conversa informal com biscoitos e chá. Porém, o mesmo verbo é aplicado a Paulo em um dia de ensino em Roma: "Desde a manhã

---

[18] DUNN. *Romans 9—16*.
[19] DREHER, Martin. *História do povo de Jesus*: uma leitura latino-americana. São Leopoldo: Sinodal, 2017. p. 49.
[20] BELLEVILLE Women leaders in the Bible, p. 122.
[21] KEENER, Craig. *Acts*: an exegetical commentary. Grand Rapids: Baker Academic, 2014. vol. 3. Edição digital.

até à tarde ele lhes deu explicações (*exetitheto*) e lhes testemunhou do reino de Deus" (28:23). Da mesma forma, é provável que Apolo tenha sido ensinado por Priscila e Áquila durante algum tempo. O ambiente privado era importante para não ofender a cultura judaica ou iônica, todavia a cena de uma mulher ensinando um homem por si só era bastante incomum.

Sabemos que, depois desse ensino, Apolo foi para Acaia, onde "refutava vigorosamente os judeus em debate público, provando pelas Escrituras que Jesus é o Cristo" (18:28).

JÚNIA

Outra importante saudação de Paulo é a seguinte: "Saúdem Andrônico e Júnias, meus parentes que estiveram na prisão comigo. São notáveis entre os apóstolos, e estavam em Cristo antes de mim" (Romanos 16:7).

Um debate recente foi levantado a respeito do nome "Júnias". Seria masculino ou feminino? No grego, o nome presumidamente feminino Júnia e o nome definitivamente masculino Júnias são quase idênticos no caso acusativo. Algumas traduções brasileiras (NVI, NAA, NVT) entendem o nome como masculino.

Essa compreensão ocorreu graças à ideia de que o nome seria uma contração de "Junianus". A questão é que "o nome masculino Júnias não foi encontrado em nenhuma inscrição, cabeçalho, fragmento de texto, epitáfio nem obra literária do período do Novo Testamento".[22] O feminino "Júnia", por sua vez, era muitíssimo comum na época: mais de 250 inscrições com "Júnia" foram encontradas na Roma Antiga.[23] Os pais da igreja, como Orígenes, Crisóstomo, Jerônimo, João Damasceno e outros, entendiam o nome Júnia claramente como feminino.[24] A exceção é Epifânio, que também entendia Priscila como um homem, o que torna suas conclusões bastante suspeitas.[25] Após isso, o primeiro intérprete que compreendeu Jú-

---

[22] BELLEVILLE. Women leaders in the Bible, p. 117.
[23] DUNN. *Romans 9—16*; MEYERS et al. (orgs.). *Women in Scripture.*
[24] EPP, Eldon Jay. *Junia*: the first woman apostle. Mineápolis: Fortress, 2005. p. 32.
[25] EPP. *Junia*, p. 34.

MULHER PODE SER PASTORA?

nia como homem é bastante tardio: Gil de Roma (1243-1316), já na Idade Média. Por isso, o amplo consenso acadêmico atual é de que Júnia se trata de um nome feminino.

O mais natural seria entender que Andrônico e Júnia fossem um casal missionário, tal como Priscila e Áquila. O impressionante é que eles são chamados por Paulo de "notáveis entre os apóstolos" (Romanos 16:7)! Duas leituras são possíveis: ou Andrônico e Júnia eram apóstolos notáveis ou eram notáveis *para* os apóstolos.

James Dunn e uma série de estudiosos concordam com a primeira opção. Sabemos que existiram outros apóstolos além dos Doze, e o casal em questão parece ter cumprido os requisitos apostólicos, pois seguiram Cristo antes de Paulo, talvez até fazendo parte dos quinhentos irmãos que viram Jesus ressuscitado (1Coríntios 15:6).[26] Além disso, é improvável que "apóstolo" tenha um sentido genérico de "enviado", já que Paulo não atribuía esse título a qualquer um. Segundo Dunn, Andrônico e Júnia "provavelmente pertenciam ao grupo fechado de apóstolos nomeados diretamente pelo Cristo ressuscitado em um período limitado após sua ressurreição".[27] Keener os define como uma "equipe apostólica marido-mulher".[28]

Também chama atenção o fato de que eles "estiveram na prisão" (Romanos 16:7) com Paulo. O teólogo N. T. Wright vê isso como uma possível indicação de liderança. Para ele, "é interessante que, na crucificação, as mulheres puderam ir e ver o que estava acontecendo sem medo das autoridades. Elas não foram consideradas uma ameaça".[29] Isso posteriormente mudaria. Em Atos, Saulo solicitou a cooperação das sinagogas de Damasco para prender "todos os seguidores do Caminho, homens *e mulheres*" (Atos 9:2, NVT), o que só faria sentido se as mulheres também pudessem ser líderes ou exercer influência.[30] A prova de que essa não é uma leitura "ino-

---

[26] DUNN. *Romans 9—16*.
[27] DUNN. *Romans 9—16*.
[28] KEENER, Craig. *Comentário de Romanos*. Trad. Vinicius Couto São Paulo: Reflexão, 2019. p. 299.
[29] WRIGHT, N. T. "The biblical basis for women's service in the church". *Priscilla Papers*, Mineápolis, vol. 20, n. 4, outono 2006. p. 6-7.
[30] WRIGHT. "The biblical basis for women's service in the church", p. 7.

MULHERES DIACONISAS, MISSIONÁRIAS E APÓSTOLAS

vadora" é que, para João Crisóstomo, Júnia foi indiscutivelmente uma apóstola:

> "Saúdem Andrônico e Júnia [...] que são notáveis entre os apóstolos": ser apóstolo é algo grandioso. Mas ser notável entre os apóstolos — pense que maravilhoso cântico de louvor é esse! [...] De fato, quão grande deve ter sido a sabedoria dessa mulher para que fosse considerada digna do título de apóstolo.[31]

---

[31] Citado em EPP. *Junia*, p. 32.

● CAPÍTULO 6

Mulheres pastoras

Até aqui, vimos os ofícios carismáticos de Efésios 4:11-13: apostolado (Júnia), profecia (filhas de Felipe); evangelismo e ensino (Priscila); e, além disso, diaconia (Febe). No entanto, para muitos, a questão do pastorado — o quarto ofício da lista de Efésios 4 — ainda não está resolvida.

É certo que, em termos hierárquicos, uma apóstola (como Júnia) está acima de um pastor local. Também vimos que profetas, grupo do qual as mulheres faziam parte desde o Antigo Testamento, eram lideranças neotestamentárias. Porém, hoje, em muitas de nossas igrejas, o pastorado é o único ofício regular, pois não temos mais apóstolos e profetas, o que levanta a questão: Uma mulher pode ser pastora?

Para responder a essa pergunta, busquei primeiro entender *o que é* um pastor no Novo Testamento. Afinal, se quero saber se a mulher *pode ser* pastora, preciso entender, primeiro, *o que é* um pastor. Foi aí que as coisas ficaram, novamente, nebulosas.

O QUE É UM PASTOR?

Em primeiro lugar, o termo "pastor" (*poimén*) como indicação de ministério aparece somente nessa lista de dons de Efésios. Originalmente, a palavra era utilizada para designar pastores de ovelhas, como os que recebem o anúncio dos anjos na linda cena de Lucas 2.

O uso metafórico de "pastor" relacionado a liderança, tal como utilizamos hoje, provém do Antigo Testamento: "Assim diz o Soberano, o Senhor: Estou contra os pastores e os considerarei responsáveis pelo meu rebanho" (Ezequiel 34:10); "Vi todo o Israel espalhado pelas colinas, como ovelhas sem pastor" (1Reis 22:17). O termo foi usado diversas vezes em referência a Jesus (Mateus 26:31; João 10:11; Hebreus 13:20).

O verbo "pastorear" surge conectado à igreja pela primeira vez em João 21:16, quando Cristo diz a Pedro: "Pastoreie as minhas ovelhas". É o mesmo utilizado por Paulo em referência ao trabalho dos presbíteros/bispos: "Cuidem de vocês mesmos e de todo o rebanho sobre o qual o Espírito Santo os colocou como bispos, para *pastorearem* a igreja de Deus" (Atos 20:28). Para os presbíteros, Pedro fala: "*pastoreiem* o rebanho de Deus que está aos seus cuidados" (1Pedro 5:2). Como não encontramos ninguém no Novo Testamento que receba o "título" de pastor (além de Jesus), devemos continuar nossa busca ocupando-nos com os termos "bispo" ou "presbítero".

PRESBÍTEROS E BISPOS

O termo "presbítero" (*presbyteros*) significa "mais velho", de maneira que algumas versões bíblicas, como a Almeida Corrigida Fiel, optam por traduzi-lo por "ancião". Isso não é aleatório. O *Dicionário internacional de teologia do Novo Testamento* explica: "os mais velhos recebem respeito e autoridade, em razão da sua sabedoria".[1] "Presbítero" era o título dado aos membros leigos do Sinédrio judaico, como vemos em Lucas 7:3. Por extensão, foi utilizado para o grupo de líderes cristãos em Jerusalém, sugerindo uma continuidade entre velha e nova aliança: "Então os apóstolos e os *presbíteros*, com toda a igreja, decidiram escolher alguns dentre eles e enviá-los a Antioquia com Paulo e Barnabé" (Atos 15:22).

Já o termo "bispo" (*episkopos*) aparece poucas vezes no Novo Testamento. Seu significado original é "supervisor". No grego clássico, era atribuído a divindades que vigiavam um povo ou um país, ou a "homens que tinham uma posição de responsabilidade

---

[1] COENEN, Lothar; BROWN, Colin. *Dicionário internacional de teologia do Novo Testamento.* Trad. de Gordon Chown. vol. 1 São Paulo: Vida Nova, 2000. p. 224.

MULHER PODE SER PASTORA?

dentro do estado",[2] estendendo-se a comunidades religiosas, como a dos essênios.

A palavra é encontrada no fim de Atos, e parece ser utilizada como sinônimo de "presbítero":

> De Mileto, Paulo mandou chamar os presbíteros (*presbyterous*) da igreja de Éfeso. Quando chegaram, ele lhes disse: "[...] Cuidem de vocês mesmos e de todo o rebanho sobre o qual o Espírito Santo os colocou como bispos (*episkopous*), para pastorearem a igreja de Deus" (Atos 20:17,18,28).

A mesma ligação entre os termos também é encontrada em Tito:

> A razão de tê-lo deixado em Creta foi para que você pusesse em ordem o que ainda faltava e constituísse presbíteros (*presbyterous*) em cada cidade, como eu o instruí. [...] Por ser encarregado da obra de Deus, é necessário que o bispo (*episkopon*) seja irrepreensível: não orgulhoso (Tito 1:5,7).

Embora haja espaço para debate, "anciões/presbíteros" e "bispos" podem ser sinônimos, e é com esse sentido que irei considerar esses termos.

ESTRUTURA DAS IGREJAS

Como já vimos anteriormente, as compreensões de ministério experimentaram grande diversidade no período apostólico. Há a hipótese de que anciões tenham sido um grupo importante na igreja de Jerusalém, imitando um padrão da sinagoga judaica e o próprio uso do termo. Eis alguns exemplos:

> Os apóstolos e os presbíteros se reuniram para considerar essa questão (Atos 15:6).

> Nas cidades por onde passavam, transmitiam as decisões tomadas pelos apóstolos e presbíteros em Jerusalém, para que fossem obedecidas (Atos 16:4).

---

[2] COENEN; BROWN. *Dicionário internacional de teologia do Novo Testamento*, p. 220.

56

MULHERES PASTORAS

Quando chegamos a Jerusalém, os irmãos receberam-nos com alegria. No dia seguinte, Paulo foi conosco encontrar-se com Tiago, e todos os presbíteros estavam presentes (Atos 21:17-18).

Fora de Jerusalém, as menções a presbíteros são escassas. Sabemos que Lucas informa que "Paulo e Barnabé designaram-lhes [...] presbíteros" (Atos 14:23) em Listra, Icônio e Antioquia, e talvez em Creta e Éfeso, citadas anteriormente. Não sabemos se esses anciões instituídos realizavam um ofício institucionalizado (como mais tarde se entenderia) ou se eram apenas pessoas mais idosas e sábias que conduziam a comunidade, embora a segunda opção seja mais provável, devido à ausência do termo na maior parte das cartas paulinas. A palavra "bispo" aparece somente em Filipenses, 1Timóteo e Tito, que são as cartas mais tardias de Paulo, indicando um desenvolvimento da estrutura eclesiástica. O termo "presbítero" também é encontrado somente em 1Timóteo e Tito.

Por fim, constata-se que não há explicitamente o nome de nenhum ancião ou bispo na Bíblia. A única exceção é Pedro (e talvez João, em 2João 1), que se refere a si mesmo como "coancião" em sua primeira carta, provavelmente para criar identificação com os presbíteros com quem dialoga:[3] "Portanto, apelo para os presbíteros que há entre vocês, e o faço na qualidade de presbítero como eles e testemunha dos sofrimentos de Cristo, como alguém que participará da glória a ser revelada" (1Pedro 5:1).

Como a carta de Pedro foi escrita para diversas igrejas, o teólogo Ramsay Michaels sugere que "Pedro não dá por certo que todas as congregações para as quais está escrevendo são necessariamente governadas por anciãos, mas, para aquelas que são, um apelo especial é necessário".[4]

IGREJAS NAS CASAS

Com tanta imprecisão, como podemos descobrir quem eram os líderes locais das diversas igrejas da era apostólica, especialmente

---

[3] MICHAELS, J. Ramsey. *1Peter*. Word Biblical Commentary. vol. 49. Grand Rapids: Zondervan, 1988. Edição digital.
[4] MICHAELS. *1Peter*.

MULHER PODE SER PASTORA?

as das primeiras cartas paulinas? Ainda que nenhum presbítero recebesse esse título, essas igrejas, com certeza, tinham lideranças. Felizmente, algumas pistas são deixadas no Novo Testamento.

Em *House Church and Mission*, o teólogo Roger W. Gehring disserta sobre a organização da igreja nos lares. As casas funcionavam como "a unidade básica da vida comunitária para o movimento cristão primitivo" e "eram mais ou menos as fundações arquitetônicas, sociais e econômicas de missões urbanas e inter-regionais, assim como incubadoras da vida da igreja local".[5] Devido às limitações de espaço físico, o número de cristãos em cada igreja local era pequeno, uma média de vinte a quarenta pessoas, e as congregações eram "semelhantes a famílias, nas quais o cuidado pastoral individual, as relações íntimas e a prestação de contas mútua eram possíveis".[6]

Sabemos que uma igreja se reunia na casa de Lídia (Atos 16:40), outra na casa de Arquipo (Colossenses 4:17; Filemom 1:2), uma com Áquila e Priscila (1Coríntios 16:19; Romanos 16:5), outra na casa de Ninfa (Colossenses 4:15) e possivelmente também na de Febe (Romanos 16:1-2). Quem eram os líderes dessas igrejas? Gehring indica que, muito provavelmente, eram os próprios donos das casas:

> Descobrimos evidências consideráveis de estruturas concretas de liderança nas igrejas domésticas paulinas [...] Em particular na ausência de Paulo e de seus colegas de trabalho, quem mais provavelmente assumiria responsabilidades — como fornecer um local para a reunião, liderar a assembleia e as refeições (comunitárias), organizar a igreja, representá-la junto aos funcionários da cidade e, possivelmente, junto a outras igrejas — eram os donos da casa. Por causa de sua posição na sociedade antiga, teria sido natural para eles despontar na liderança e nas funções de ensino da igreja que se reunia em sua casa.[7]

---

[5] GEHRING, Roger W. *House Church and Mission*: The Importance of Household Structures in Early Christianity. Peabody: Hendrickson, 2004. p. 288.
[6] GEHRING. *House Church and Mission*, p. 290.
[7] GEHRING. *House Church and Mission*, p. 297.

Várias cartas do apóstolo não trazem o nome de uma liderança oficial talvez porque "as estruturas de liderança já estivessem embutidas no lar da Antiguidade".[8] Assim, os donos das casas eram mais do que anfitriões que ofereciam um espaço, não se equiparando aos anfitriões de pequenos grupos que funcionam nas igrejas hoje: "O lar não era o domínio privado que é hoje no Ocidente. Em vez disso, era um centro de atividades profissionais e incluía espaços públicos para receber clientes e amigos".[9] O prestígio do dono da casa conferia crédito, legitimidade e proteção legal à comunidade.

Além disso, os chefes do lar tinham as habilidades administrativas necessárias para liderar o grupo. Em 1Timóteo 3, exige-se que o bispo saiba "governar bem sua própria família, tendo os filhos sujeitos a ele, com toda a dignidade" (v. 4). Afinal, "se alguém não sabe governar sua própria família, como poderá cuidar da igreja de Deus?" (v. 5). Ele também deveria "ter boa reputação perante os de fora, para que não caia em descrédito nem na cilada do Diabo" (v. 7). Tudo isso mostra como o papel de supervisor estava intimamente ligado ao de chefe do lar e como a casa participava da vida da igreja.

Devido à estrutura patriarcal da sociedade, esses chefes eram, em sua maioria, homens. Sabemos, porém, que mulheres de posses (provavelmente viúvas) também exerceram esse papel. Assim, é muito provável que Lídia, Ninfa e Febe tenham sido as chefes de suas casas, e, consequentemente, das igrejas que se reuniam ali. Por causa do destaque que Priscila recebeu, também é muito possível que ela tenha exercido o mesmo papel ao lado do marido. Por fim, a ampla lista de saudações de Romanos 16 indica uma variedade de igrejas na cidade de Roma, e é plausível que muitas pessoas citadas (inclusive mulheres) tenham sido líderes nessas igrejas, mencionadas junto ao nome de seus líderes: "Saúdem Priscila e

---

[8] GEHRING. *House Church and Mission*, p. 298.
[9] COHICK, Lynn H. "The agency of women in ancient Rome". In: DURGIN, Celina; JOHNSON, Dru. *The biblical world of gender*: the daily lives of ancient women and men. Eugene: Cascade, 2022. Edição digital.

MULHER PODE SER PASTORA?

Áquila, meus colaboradores em Cristo Jesus. [...] Saúdem também a igreja que se reúne na casa deles" (Romanos 16:3,5); "Saúdem os irmãos de Laodiceia, bem como Ninfa e a igreja que se reúne em sua casa" (Colossenses 4:15); "a você, Filemom, nosso amado cooperador, à irmã Áfia, a Arquipo, nosso companheiro de lutas, e à igreja que se reúne com você em sua casa" (Filemom 1:1-2). A partir dessa linha de raciocínio, além de concluir que algumas mulheres pastoreavam igrejas e atuavam como presbíteras, podemos até mesmo identificá-las no texto bíblico.

Com esses aspectos em mente, fica mais fácil responder à pergunta do início do capítulo. Se mulheres podem ser apóstolas e profetisas — e sobre esses ministérios está edificada a igreja (Efésios 2:20) —, a possibilidade do ministério pastoral feminino é uma decorrência lógica. Ademais, considerando que Deus designou "alguns para apóstolos, outros para profetas, outros para evangelistas, e outros para pastores e mestres" (4:11), seria incoerente as mulheres poderem atuar em apenas quatro dos cincos ministérios listados.

Então, sim. Mulheres podem ser pastoras.

Meus filhos, novamente estou sofrendo dores de parto por sua causa, até que Cristo seja formado em vocês.

GÁLATAS 4:19

PARTE 3:

TEXTOS EM DEBATE

● CAPÍTULO 7

Pressupostos: Discernindo a cultura greco- -romana

Nos próximos capítulos, trabalharemos textos-chave da Bíblia que falam sobre a atuação das mulheres nas assembleias cristãs: 1Coríntios 11:1-16 e 14:33-34; 1Timóteo 2:9-16 e 3:1-7. Essas delicadas perícopes pedem capítulos exclusivos.

Em primeiro lugar, são delicadas porque causam estranheza. Talvez grande parte dos crentes tenha levado um susto ao ler pela primeira vez que "toda mulher que ora ou profetiza com a cabeça descoberta desonra a sua cabeça; pois é como se a tivesse rapada" (1Coríntios 11:5) ou que "é vergonhoso uma mulher falar na igreja" (14:35). Além do incômodo cultural provocado pelos dois mil anos que nos separam desses textos bíblicos, são poucas as comunidades evangélicas, até mesmo as mais tradicionais, em que as mulheres realmente cobrem a cabeça com véu. E nas igrejas sem pastoras ou nas quais as mulheres não têm permissão para pregar, elas dirigem alguns momentos das reuniões públicas, como as orações ou o louvor.

Um segundo fator que torna essas perícopes delicadas são seus usos e as interpretações que receberam ao longo da história do cristianismo. Mesmo hoje, esses textos são usados para ferir e excluir mulheres dentro da própria igreja. Alguns teólogos norte-americanos defendem que as mulheres não devam ensinar nem mesmo em escolas dominicais ou em universidades cristãs. Outros abrem licença para uma mulher escrever comentários bíblicos porque a autora está fora da visão do leitor, e a escrita "tira a dimensão de sua personalidade feminina".[1]

Os versículos em debate nos próximos capítulos já confundiram muito minha cabeça. Cresci com o que chamo de "exegese popular", segundo a qual a proibição de as mulheres falarem na comunidade fora dada no contexto cultural e situacional das cartas. Afinal, como a mulher profetizaria se ficasse calada? Essa explicação, porém, me parecia rasa, de forma que mergulhei em diversos estudos para compreender essas perícopes. No fim das contas, percebi que a exegese popular tinha uma grande dose de razão.

A SABEDORIA CRISTÃ

Antes de contemplarmos os textos específicos, é preciso entender uma dimensão muito importante das cartas neotestamentárias para afiarmos nossa leitura: a sabedoria cristã diante da cultura greco-romana. De algum modo, essa continua a ser a sabedoria santa que aplicamos aos nossos tempos.

Há alguns anos, fiz parte de uma igreja que só consagrava ao pastorado homens casados. Eu nunca havia encontrado um motivo bíblico para essa restrição, que diferia de algumas outras igrejas que eu conhecia. Paulo, o mais importante teólogo cristão, preferia que os solteiros permanecessem como estavam (1Coríntios 7:8), pois poderiam se ocupar completamente das coisas do Senhor, enquanto os casados deveriam se preocupar com as coisas do mundo e em como agradar o cônjuge.

Isso não quer dizer que minha igreja estivesse errada. Na verdade, a decisão daquela comunidade partia de uma *sabedoria cristã*. Devemos discernir nossa cultura e aplicar os princípios cristãos de forma mais ampla. Talvez, em uma sociedade

> **Devemos discernir nossa cultura e aplicar os princípios cristãos de forma mais ampla.**

---

[1] DESIRING GOD. *Do you use Bible commentaries written by women? — Episode 56.* Mineápolis, 27 mar. 2013. Disponível em: https://www.desiringgod.org/interviews/do-you-use-bible-commentaries-written-by-women. Acesso em: 10 ago. 2023.

MULHER PODE SER PASTORA?

pornográfica como a nossa, a igreja que eu frequentava atentasse mais aos primeiros versículos de 1Coríntios 7: "Quanto aos assuntos sobre os quais vocês escreveram, é bom que o homem não toque em mulher, mas, por causa da imoralidade, cada um deve ter sua esposa, e cada mulher o seu próprio marido" (v. 1-2). Não creio que a regra estabelecida para aquela igreja deva ser regra para todas as comunidades cristãs do mundo, mas entendo a decisão deles, que estavam atentos à questão da imoralidade sexual.

A sabedoria cristã funciona como uma lente importante na leitura de assuntos que, às vezes, parecem se contradizer dentro da própria Bíblia. Paulo, em Listra, circuncida Timóteo (Atos 16:3), mesmo que o Concílio em Jerusalém anteriormente já tivesse decidido que a circuncisão não era necessária para que homens fizessem parte do povo de Deus (15:19). O apóstolo fez isso "em respeito aos judeus da região" (16:3, NVT). Não à toa Paulo afirma que, "embora seja livre de todos, fiz-me escravo de todos, para ganhar o maior número possível de pessoas" (1Coríntios 9:19). Da mesma forma, em relação à comida sacrificada a ídolos, o apóstolo aponta que "não seremos piores se não comermos, nem melhores se comermos" (8:8). No entanto, isso não deve ser feito de modo a se tornar tropeço para os fracos.

O mesmo acontece em questões de ordem cotidiana, como no caso dos escravos. Paulo recomenda que o escravo consiga sua liberdade, se puder (1Coríntios 7:21), todavia ordena muitas vezes mais que os escravos obedeçam aos seus senhores (Efésios 6:5; 1Timóteo 6:1; Tito 2:9), especialmente para dar bom testemunho numa sociedade estratificada em escravos e homens livres.[2]

Os cristãos são livres, ainda que servos de todos, e bastante preocupados com seu bom testemunho para que outros "glorifiquem ao Pai de vocês, que está nos céus" (Mateus 5:16). Isso acontece porque vivemos entre o *já* e o *ainda não* do reino. O reino *já* chegou: *já* fomos libertos, *já* somos filhos de Deus, *já* fomos ressuscitados com Cristo e estamos assentados nas regiões celestiais com ele (Efésios 2:6). Cristo *já* inaugurou uma nova humanidade. Ao

---

[2] Para entender como a Bíblia é contra a escravidão, leia *Uma leitura negra*, de Esau McCaulley.

PRESSUPOSTOS: DICERNINDO A CULTURA GRECO-ROMANA

mesmo tempo, *ainda* aguardamos o dia em que a Nova Jerusalém descerá do céu (Apocalipse 21:2) e ele fará novas todas as coisas. "Não há judeu nem grego, escravo nem livre, homem nem mulher; pois todos são um em Cristo Jesus" (Gálatas 3:28). Isso não quer dizer que não haja diferenças, especialmente entre homem e mulher, que são duas partes que se completam conforme Deus instituiu. Entretanto, enquanto a circuncisão, segundo a lei, era imposta apenas ao homem como símbolo da aliança, o batismo é instituído a todos (Gálatas 3:27), e no Pentecostes homens e mulheres foram cheios do Espírito (Atos 2). Todo cristão pode entrar no Santo dos Santos através do sangue de Jesus (Hebreus 9:19).

No entanto, *ainda* aguardamos o retorno de Cristo e a nova Jerusalém. *Ainda* vivemos num mundo mau, que nos exige sabedoria em prol do bom testemunho. Paulo tornou-se especialmente preocupado com a reputação dos cristãos diante dos de fora, ainda mais num contexto em que poderiam ser perseguidos. A questão das mulheres se encaixa nisso.

CÓDIGOS DOMÉSTICOS

Em algumas epístolas neotestamentárias, encontramos um subgênero literário chamado *códigos domésticos*.[3] O trecho de Colossenses 3:18-22; 4:1 é um exemplo disso. Nele, identificamos três pares domésticos: maridos/mulheres (v. 18-9); pai/filhos (v. 20-1); senhores/escravos (3:22—4:1). Esse tipo de discurso foi desenvolvido por Platão e Aristóteles, sendo promovido por filósofos peripatéticos, estoicos e judeus helenistas, entre outros grupos. Ele se concentrava, acima de tudo, na questão da autoridade e subordinação. O páter-famílias (chefe da casa da época) tinha poder sobre todos os outros integrantes da casa — lembrando que a casa era um espaço também destinado a atividades públicas —, incluindo o direito legal de aplicar pena de morte aos próprios

---

[3] Veja WESTFALL, Cynthia Long. "This is a great metaphor!": reciprocity in the Ephesians household. In: PORTER, Stanley E; PITTS, Andrew W. (orgs.). *Christian origins and Greco-Roman culture*: social and literary contexts for the New Testament. Leiden/Boston: Brill, 2013. p. 561-2.

MULHER PODE SER PASTORA?

filhos.[4] Nas famílias helenísticas, embora o marido/pai não tivesse o mesmo poder do páter-famílias romano, sua autoridade era a maior daquele núcleo.[5] Isso também ocorria nas famílias judaicas.

O casamento também não era igual ao de hoje. Ele era marcado pelo que a estudiosa Cynthia Westfall chama de *sistema de patronagem*, considerado o "bloco de construção básico da sociedade greco-romana":[6] havia uma relação "patrono-cliente"[7] ou "benfeitor-destinatário": o patrono era alguém com *mais* fortuna, honra e poder, e o destinatário era alguém com *menos* fortuna, honra e poder. Nesse sistema, o benfeitor provia (por exemplo, bens materiais), e o destinatário contribuía para a boa reputação e o poder do benfeitor. Nos casamentos, as mulheres eram as "destinatárias" e os maridos, os "patronos". Era um casamento desigual: as esposas eram mais jovens que os esposos; e, embora a lei romana permitisse o casamento apenas a partir dos 12 anos, algumas mulheres eram obrigadas a casar antes da puberdade,[8] enquanto os homens se casavam entre os 30 e 40 anos.[9] Por meio dessa união, o homem obtinha honra, herdeiros e uma administradora para sua casa. Como benfeitor, ele concedia à mulher "sua identidade, posição social e participação na [sua] propriedade".[10] A mulher, como destinatária, retribuía com "respeito, elogio público e serviço leal, honrando-o particularmente por meio de sua obediência e castidade".[11]

---

[4] GARDNER, Jane F. *Women in Roman law and society*. Londres: Taylor & Francis, 2009.

[5] É interessante observar, no entanto, uma heterogeneidade familiar relacionada a diferentes classes sociais e grupos que conviviam. De acordo com Funari, "Os humildes casavam-se, não por arranjos de família, mas para poderem se ajudar no trabalho. A diferença de idade entre marido e mulher era, em geral, menor que entre os casais ricos, e a família humilde tinha poucos ou nenhum escravo." Priscila e Áquila, por exemplo, eram fazedores de tendas (Atos 18:3). Veja FUNARI, Pedro Paulo. *Grécia e Roma*. São Paulo: Contexto, 2002. p. 101-2.

[6] WESTFALL. "This is a great metaphor!", p. 566.

[7] De acordo com Funari, o cliente de hoje em nada se parece com o "cliente" do mundo romano. Clientes eram "pessoas mais pobres do que ele [o páter-famílias] e que lhe ofereciam apoio em troca de benefícios diversos, como dinheiro para comprar roupas, por exemplo". Veja FUNARI. *Grécia e Roma*, p. 98.

[8] STARK, Rodney. *The rise of Christianity*: a sociologist reconsiders history. Princeton: Princeton University Press, 2020. Edição digital.

[9] FUNARI. *Grécia e Roma*, p. 98.

[10] WESTFALL, Cynthia Long. *Paul and Gender*: Reclaiming the Apostle's Vision for Men and Women in Christ. Grand Rapids: Baker Academic, 2016. Edição digital.

[11] WESTFALL. *Paul and Gender*.

PRESSUPOSTOS: DICERNINDO A CULTURA GRECO-ROMANA

A obediência ao marido era um valor esperado no mundo romano. Assim, a submissão teve, de certa forma, um papel evangelizador naquele contexto. Havia maridos que, como hoje, experimentavam uma "conversão secundária", isto é, convertiam-se por influência da esposa, como relata Pedro: "mulheres, sujeite-se cada uma a seu marido, a fim de que, se ele não obedece à palavra, seja ganho sem palavras, pelo procedimento de sua mulher" (1Pedro 3:1). Mesmo entre casais cristãos, o bom proceder das mulheres em relação aos valores esperados na época demonstrava sua sabedoria cristã — proveitosa para ganhar os que ainda não criam —, e permitia à comunidade de fé viver em relativa paz, sem perseguições. Isso acontecia, pois, de acordo com Westfall,

> Na sociedade greco-romana, legislar e impor o comportamento "adequado" das mulheres era uma grande preocupação das autoridades, porque elas acreditavam que a desordem no lar gerava ramificações sediciosas no Império. Portanto, cultos e seitas eram frequentemente atacados por causa do comportamento selvagem das mulheres participantes.[12]

O apóstolo Paulo se apropriou desses valores do código doméstico para ressaltar o que achava necessário nas relações familiares de um cristão. Ele enfatiza a submissão de mulheres, filhos e escravos, pois esse era um valor nobre da estrutura familiar daquele tempo e profundamente importante para o bom testemunho dos cristãos na sociedade. Isso não quer dizer, é claro, que Paulo estivesse se adaptando à cultura do seu tempo. Ao mesmo tempo que ele se preocupa com o bom testemunho diante dos não crentes, também aplica uma ética cristã que acaba revolucionando seu mundo.

Quando fala sobre os códigos domésticos em Efésios 5, por exemplo, o apóstolo começa dizendo que devemos nos submeter uns aos outros por temor a Cristo (v. 21). Ele compara o marido, que era o chefe da família, a Jesus, mas não ao Jesus glorificado em seu trono,

---

[12] WESTFALL. *Paul and Gender.*

e sim com o servo sofredor que morre pela igreja. Quando afirma que Cristo purificou a igreja pelo "lavar da água mediante a palavra", para apresentá-la "sem mancha nem ruga" (v. 26-27), ou que Cristo alimenta a igreja e cuida dela (v. 29), ele evoca dois trabalhos que eram feitos por mulheres e escravos — lavar e alimentar — e os coloca sob a responsabilidade do marido.[13] Em nenhum momento, ele afirma que o marido tem que assumir a autoridade do seu lar; isso está pressuposto, visto que era essa a estrutura familiar de seu tempo. Em vez disso, ele exorta o marido a agir de maneira contracultural, como um servo que ama. Em outra carta, ele chega a submeter o corpo do marido à autoridade da mulher (1Coríntios 7:4).

> **Há uma igualdade cristã que não derruba as estruturas vigentes, porém as transforma pela regra de ouro do amor ao próximo em direção à nova humanidade, inaugurada por Cristo.**

Da mesma forma, pede de maneira indireta que Filemom liberte Onésimo — "Gostaria de mantê-lo comigo" (Filemom 1:13-14) —, e põe medo nos senhores de escravos em Efésios 6:9. Há uma igualdade cristã que não derruba as estruturas vigentes, porém as transforma pela regra de ouro do amor ao próximo em direção à nova humanidade, inaugurada por Cristo.

---

[13] WESTFALL. *Paul and Gender.*

● CAPÍTULO 8

As questões referentes às mulheres em Corinto

A carta de 1Coríntios apresenta dois importantes textos que envolvem a atuação de mulheres no culto: 1Coríntios 11:2-16 (sobre a exigência de cobrir a cabeça ao orar e profetizar) e 1Coríntios 14:26-37 (sobre a proibição de falar em público). Para interpretá-los adequadamente, temos de estar atentos a dois elementos importantes que devem ser sempre observados na leitura de epístolas: o *público* para o qual se escreve e a *ocasião* que motivou essa escrita.

A leitura dessa epístola não deixa dúvidas de que a igreja à qual a carta foi endereçada era carismática, pulsante, diversa e também cheia de problemas. Isso parece refletir o contexto da cidade de Corinto, que muito nos importa.

Corinto havia sido destruída pelos romanos em 146 a.C. e reconstruída por Julio César em 44 d.C., dessa vez como colônia romana. O local tornou-se plural ao ser povoado por pessoas de diferentes lugares,[1] que conviviam com o sincretismo.[2] Era um centro urbano próspero e mercantil devido à privilegiada posição geográfica, mas a desigualdade social era bem-acentuada.

---

[1] CARSON, D. A.; MOO, Douglas J.; MORRIS, Leon. *Introdução ao Novo Testamento*. Trad. de Márcio Loureiro Redondo. São Paulo: Vida Nova, 1997. p. 291-2.

[2] VOUG, François. "A Primeira Epístola aos Coríntios". In: MARGUERAT, Daniel (org.). *Novo Testamento*: história, escritura e teologia. Trad. de Margarida Oliva. São Paulo: Loyola, 2015. p. 247.

MULHER PODE SER PASTORA?

A Bíblia informa que havia uma sinagoga na cidade (Atos 18:4), o que mais tarde foi reforçado pela arqueologia. A cultura romana predominava, com influências filosóficas e religiosas gregas. Ali também estavam presentes religiões de mistério, que talvez tornassem a cidade mais promíscua, embora a promiscuidade já estivesse presente na "cultura urbana masculina da Grécia como um todo".[3] Mesmo antes dos romanos, Corinto tinha má fama; a expressão "moça coríntia" podia significar "prostituta".[4]

A carta de 1Coríntios trata de diversos problemas que se desenvolveram naquela igreja entre o momento que Paulo deixou a cidade (entre 51-52), e a escrita da carta, que ocorreu aproximadamente três anos depois.[5] A carta faz parte de uma conversa em curso entre Paulo e a igreja — o apóstolo constantemente se refere a questões sobre os corintos que ouviu da parte de outros ou que recebeu como questionamento em correspondência: "Por toda parte se ouve que há imoralidade entre vocês" (1Coríntios 5:1); "ouço que, quando vocês se reúnem como igreja" (11:18); "Quanto aos assuntos sobre os quais vocês escreveram" (7:1). Por isso, Gordon Fee afirma que a carta é "uma resposta ocasional",[6] já que grande parte de suas questões são "uma resposta direta a algum comportamento que está sendo adotado por alguns ou pela maioria dos cristãos em Corinto".[7] Fee e Stuart explicam que, em alguns casos, percebe-se que Paulo está citando os coríntios, "muitas vezes, em concordância com a afirmação deles, mas discordando da maneira como eles a compreendem":[8] "'Tudo me é permitido', mas nem tudo convém. 'Tudo me é permitido', mas eu não deixarei que nada me domine" (6:12).

A igreja a quem a carta é endereçada era predominantemente gentílica, o que se presume pelos temas das questões, como a da

---

[3] KEENER. Comentário histórico-cultural da Bíblia, p. 548.
[4] CARSON; MOO; MORRIS. Introdução ao Novo Testamento, p. 292.
[5] FEE, Gordon. First Epistle to the Corinthians. Grand Rapids: Eerdmans, 2014. Edição digital.
[6] FEE. First Epistle to the Corinthians.
[7] FEE, Gordon; STUART, Douglas. Como ler a Bíblia livro por livro: um guia de estudo panorâmico da Bíblia. Trad. de Thomas Neufeld de Lima, Daniel Hubert Kroker. São Paulo: Vida Nova, 2013. p. 384.
[8] FEE; STUART. Como ler a Bíblia livro por livro, p. 384.

comida oferecida aos ídolos (cap. 8). É possível que muitos dos problemas dali tivessem origem nesse plano de fundo greco-romano. Outro tema da carta é a desigualdade social: na ceia do Senhor, alguns humilhavam "os que nada têm" (11:22).

Percebe-se, ao longo da obra, uma tensão entre a igreja e Paulo, de forma que alguns irmãos fomentavam ideias "antipaulinas". O tema que a atravessa é a falsa espiritualidade ou a sabedoria dos coríntios, que se esqueciam de que a cruz era a verdadeira "chave para a sabedoria de Deus".[9]

Além desse contexto, os dois excertos que estudaremos neste capítulo são parte de um trecho maior da epístola que tem o propósito de organizar o culto e as noções comunitárias daqueles cristãos, as quais não iam nada bem: "as reuniões de vocês mais fazem mal do que bem" (11:17). Nesse sentido, o propósito de diversas instruções poderia ser resumido assim: "tudo deve ser feito com decência e ordem" (14:40), pois "Deus não é Deus de desordem, mas de paz" (14:33).

A QUESTÃO DE COBRIR A CABEÇA

O trecho de 1Coríntios 11:2-16 apresenta algumas das afirmações mais obscuras do Novo Testamento, de difícil interpretação para as mais diferentes vertentes teológicas, e soluções variadas têm sido sugeridas ao longo dos séculos. Por que profetizar com a cabeça descoberta desonraria a cabeça da mulher (v. 5)? Por que a mulher é a glória do homem (v. 7)? O que os anjos têm que ver com isso (v. 10)? Para desvendá-los, é primordial reconhecer a principal intenção de Paulo: levar as mulheres a cobrirem a cabeça ao orar e profetizar para que continuassem a exercer essas atividades. Para isso, ele lança mão de argumentos teológicos e criacionais. Eles podem parecer estranhos porque foram escritos para persuadir as mulheres daquele contexto, não a nós. Keener explica: "Paulo, um pastor e missionário, está preocupado em ser claro para seu povo,

---

[9] FEE; STUART. *Como ler a Bíblia livro por livro*, p. 386.

MULHER PODE SER PASTORA?

e não em impressionar leitores ocidentais modernos com argumentos que funcionariam transculturalmente".[10]

Cabeça da mulher

Em primeiro lugar, lemos que "o cabeça de todo homem é Cristo, e o cabeça da mulher é o homem, e o cabeça de Cristo é Deus" (v. 3). Esse versículo costuma ser utilizado para provar que o homem foi criado com autoridade sobre a mulher, isto é, segundo uma ordem criacional que está acima de qualquer cultura. Muitos entendem a palavra "cabeça" (*kephalé*) como sinônimo de "autoridade" ou "chefia": Cristo é autoridade sobre o homem, o homem é autoridade sobre a mulher, e Deus é autoridade sobre Cristo.

Essa interpretação traz problemas trinitários — para os quais não há espaço aqui —, além de outros que abordaremos. De fato, "cabeça", em hebraico, era utilizado principalmente como metáfora para autoridade: "Um homem de cada tribo, o chefe [cabeça] dos grupos de famílias, deverá ajudá-los" (Números 1:4). No grego, porém, a ideia de cabeça como "chefia" era rara,[11] e a palavra era empregada em diversas metáforas; por isso, quando a Bíblia hebraica foi traduzida para o grego, a correspondência entre "cabeça" e "autoridade" ficou enfraquecida. Das 171 vezes em que o texto hebraico usa "cabeça" para significar "autoridade", apenas seis foram traduzidas do termo *kephalé* — e nenhuma dessas passagens tem qualquer relação intertextual com 1Coríntios 11.[12]

Cynthia Westfall explica que, no grego antigo, *kephalé* se referia à cabeça de um corpo, e abrangia uma gama de significados ligados às crenças gregas sobre a função biológica da cabeça como "origem" ou "fonte" de processos físicos. Aristóteles relacionava a cabeça à emissão do sêmen; Pitágoras ensinou que a cabeça do homem era a fonte do sêmen, que descia pela medula espinhal até a genitália. Artemidoro de Daldis, um adivinho profissional que

---

[10] KEENER, Craig. *Paul, women & wives*: marriage and women's ministry in the letters of Paul. Grand Rapids: Baker Academic, 2012. Edição digital.

[11] KEENER. *Paul, women & wives*.

[12] WESTFALL. *Paul and Gender*.

AS QUESTÕES REFERENTES ÀS MULHERES EM CORINTO

viveu em Éfeso no século 2, reflete uma relação direta entre cabeça e face: "E imaginar que alguém é decapitado [...] é doloroso para quem tem pais e para quem tem filhos. Pois a cabeça é como os pais, por ser a causa da vida. E é como as crianças, pelo rosto e pela semelhança com elas".[13]

Em que sentido o homem seria a origem da mulher? Não é difícil se lembrar da Criação: a mulher foi tirada do homem e é carne de sua carne. Isso aponta também para as outras relações citadas: Cristo é gerado eternamente pelo Pai (Hebreus 1:5) e é imagem do Deus invisível (Colossenses 1:15); e, através de Cristo, foram criadas todas as coisas (1Coríntios 8:6; Colossenses 1:16; João 1:3), inclusive Adão, a partir de quem foi criada a mulher.

Os versículos 11 e 12 de 1Coríntios corroboram essa compreensão de "cabeça" como "origem": "No Senhor, todavia, a mulher não é independente do homem, nem o homem independente da mulher. Pois, assim como a mulher proveio do homem, também o homem nasce da mulher. Mas tudo provém de Deus".

Glória do homem

A segunda questão crítica está em 1Coríntios 11:7: "[o homem] é imagem e glória de Deus; mas a mulher é glória do homem". Muitos intérpretes, ao longo da história, lutaram para interpretar esse trecho; afinal, Gênesis claramente aponta que a mulher também é imagem e semelhança de Deus (1:27). Alguns entendiam, então, que a mulher não era imagem de Deus tanto quanto o homem.

Esse versículo deve ser lido em conjunto com o 9, que diz que a mulher foi criada por causa do homem. Essa afirmação, explica Westfall, faz referência ao propósito de beleza maior, que atrai o homem. Também indica que era Adão quem precisava de Eva como companheira, parceira e procriadora; ele se beneficiou de sua criação, não o contrário.[14] Desse modo, sendo o homem a glória de Deus, e a mulher, a glória do homem, ela é "glória da glória". Assim, ao

---

[13] WESTFALL. *Paul and Gender.*
[14] WESTFALL. *Paul and Gender.*

> **Sendo o homem a glória de Deus, e a mulher, a glória do homem, ela é "glória da glória".**

cobrir a cabeça, a mulher expressa modéstia e não atrai atenção dos homens para si, especialmente num contexto em que o cabelo representava sua beleza (veja v. 15). Ela direciona a glória a Deus, e não a si mesma.

Ao mesmo tempo, pensando no sentindo contextual e familiar, sendo a mulher a glória de seu marido, e o marido, sua cabeça, suas atitudes trazem glória ou desonra a ele, assim como o cabelo à mostra desonra sua própria cabeça, por ser um sinal de beleza. A leitura popular contemporânea entende o véu como instrumento de opressão, mas essa ideia não corresponde ao texto bíblico. Na verdade, na cultura do Oriente Médio antigo, a mulher de certa classe cobria a cabeça para sinalizar devoção, modéstia e também a própria honra e a de sua família.[15] O cabelo de uma mulher era símbolo de sua beleza e, por isso, descobri-lo poderia implicar a cobiça masculina alheia, um entendimento presente tanto na cultura judaica como na grega.[16] Quando Paulo exige que *todas* as mulheres usem véu, ele está criando um ambiente de igualdade entre elas, abrangendo as que não eram culturalmente respeitadas — ao mesmo tempo, ele protege as mulheres de escândalos.

Essa orientação foi dada a uma igreja que tinha problemas de ordem sexual, como nos apontam diversos excertos (veja 5:1; 6:18; 7:2), e conflitos entre classes sociais. Assim, para Westfall, "cabelos cobertos em público representavam modéstia, honra, status e proteção para uma mulher, e uma cabeça descoberta em público a desonrava e a colocava sexualmente em risco".[17]

Dessa forma, adaptando-se ao que era exigido pelo contexto, a mulher continuava a exercer suas atividades na assembleia cristã, de maneira respeitosa e sem impedimento, pois ela trazia sobre si "um sinal de autoridade" (11:10). Embora muitos entendam que

---

[15] WESTFALL. *Paul and Gender.*
[16] KEENER. *Paul, women & wives.*
[17] WESTFALL. *Paul and Gender.*

esse sinal indicaria a autoridade de alguém *sobre* a mulher (por exemplo, do marido dela), Keener explica que, no grego, o mais natural seria entender que a mulher tinha autoridade sobre a própria cabeça: "Não é nem mesmo opcional para ela reconhecer essa autoridade; ela deve demonstrá-la".[18] Devido a isso, alguns intérpretes propõem que esse sinal de autoridade "por causa dos anjos" (v. 10) remete a 1Coríntios 6:3: "Vocês não sabem que haveremos de julgar os anjos? Quanto mais as coisas desta vida!". Assim, se, um dia, as mulheres vão julgar os anjos, que dirá se vestirem adequadamente por amor e respeito aos seus maridos e por cuidado com o próximo.[19]

Por fim, é interessante que Paulo concluiu seus argumentos falando da "própria natureza das coisas" (11:14), indicando o cabelo comprido como naturalmente glória para a mulher e desonra para o homem. Como estudioso da Torá, o apóstolo certamente conhecia o voto de nazirado, segundo o qual tanto homem como mulher não cortavam o cabelo (Números 6:5; Juízes 13:5). Ter cabelo longo, portanto, não era, transculturalmente, uma vergonha para o homem. Por isso, acredita-se que Paulo esteja utilizando um argumento baseado na cultura dos coríntios para pautar a orientação de manter o costume feminino de cobrir a cabeça.

A QUESTÃO DO FALAR EM PÚBLICO

> Pois bem, irmãos, o que fazer, então? Quando vocês se reunirem, um cantará, o outro ensinará, o outro revelará, um falará em línguas e outro interpretará o que for dito. Tudo que for feito, porém, deverá fortalecer a todos. [...] Pois Deus não é Deus de desordem, mas de paz, como em todas as reuniões do povo santo. As mulheres devem permanecer em silêncio durante as reuniões da igreja. Não é apropriado que falem. Devem ser

---

[18] KEENER. *Paul, women & wives*.

[19] Muitos também entendem a menção aos anjos neste versículo como um argumento de reforço para a modéstia das mulheres, já que muitas culturas acreditavam no envolvimento sexual de seres divinos com seres humanos. Não era incomum interpretar os filhos de Deus que se deitaram com mulheres (Gênesis 6) como anjos. Em 1Enoque, um livro pseudepigráfico citado no livro de Judas, os anjos também haviam feito sexo com mulheres (19:1). (Veja KEENER. *Paul, women & wives*.)

MULHER PODE SER PASTORA?

submissas, como diz a lei. Se tiverem alguma pergunta, devem fazê-la ao marido, em casa, pois não é apropriado que as mulheres falem nas reuniões da igreja. Ou vocês pensam que a palavra de Deus se originou entre vocês? Acaso são os únicos aos quais ela foi entregue? Se alguém afirma ser profeta ou se considera espiritual, será o primeiro a reconhecer que o que lhes digo é uma ordem do Senhor (1Coríntios 14:26,33-37, NVT).

Nesse texto, qualquer intérprete sério se recusará a concluir que Paulo exige silêncio absoluto das mulheres; afinal, versículos antes, lemos que elas profetizavam e oravam no culto. O texto também dá a entender a existência de diferentes falas públicas realizadas por diversas pessoas (v. 26). Nada parece impedir as mulheres de se engajarem nessas atividades. Sobre isso, N. T. Wright afirma:

O que a passagem não pode, de modo algum, significar é que as mulheres não possuíam um papel na condução do culto público, obviamente falando em voz alta. Esse é o ponto positivo, provado imediatamente pela outra relevante passagem coríntia, 1Coríntios 11:2-11, uma vez que, lá, Paulo deixa instruções a respeito de como as mulheres devem se vestir ao se engajarem nessas atividades; instruções que, claramente, não se fariam necessárias se as mulheres tivessem de manter silêncio na igreja o tempo todo.[20]

Assim, de que natureza é o silêncio que se exige delas? Uma hipótese dos que se contrapõem ao ministério feminino é de que as mulheres estariam proibidas de julgar profecias. Parece problemático, uma vez que nada no texto aparenta indicar isso, pois todas as exortações anteriores são coletivas. Outra explicação afirma que as mulheres seriam proibidas apenas de exercer ensino autoritativo, hipótese baseada nos versículos de 1Timóteo 2 que iremos analisar no próximo capítulo. O problema, como aponta Craig Keener, é que os coríntios não tinham a possibilidade de "virar as páginas da sua Bíblia", ler 1Timóteo e descobrir lá o que Paulo queria dizer

---

[20] WRIGHT. "The biblical basis for women's service in the church", p. 7.

com o silêncio das mulheres.[21] Para ele, a resposta parece estar em 1Coríntios 14:33-35, que diz respeito a fazer perguntas. O apóstolo requer que as mulheres façam perguntas a seus maridos, em casa, se quiserem aprender alguma coisa.

Dois fatores culturais são importantes para compreender essa passagem. Primeiro, como acontece até hoje, era comum que aprendizes interrompessem um ensino com perguntas, "fosse para aprender mais sobre o assunto, fosse para competir intelectualmente com um palestrante inadequadamente preparado".[22] Os aprendizes noviços ou ignorantes, porém, deveriam permanecer em silêncio. Era provável que muitas mulheres da igreja integrassem esse grupo não instruído, o que era normal, uma vez que o nível de instrução das mulheres na Antiguidade estava muito abaixo do nível dos homens, tanto em matéria de Escrituras como de filosofia. Possivelmente, não eram nem alfabetizadas.[23] Especificamente em relação àquela comunidade, boa parcela não era considerada rica ou sábia (1Coríntios 1:26).

Outro fator relevante é o relacionamento entre homens e mulheres no contexto social. O "antigo protocolo mediterrâneo desaprovaria que uma mulher honrada se dirigisse a homens que não fizessem parte de seu círculo de convivência".[24] Uma esposa conversando com o marido de outra poderia ser um escândalo, especialmente no quesito reputação sexual. Embora as reuniões locais acontecessem em casas, ainda havia uma dimensão pública que exigia sabedoria — principalmente naquelas igrejas com bastante imoralidade.

É a isso que Paulo parece se opor ao exigir que as mulheres resolvessem suas dúvidas em casa, com o marido, em vez de falarem com outros homens em público. Ele coloca o marido como responsável pela educação de sua mulher, o que era muito revolucionário

---

[21] KEENER, Craig. Learning in the assemblies: 1Corinthians 14:34-35. In: PIERCE, Ronald W.; GROOTHUIS, Rebecca Merrill (orgs.). *Discovering biblical equality*: complementarity without hierarchy. 2. ed. Downers Grove: IVP, 2005. p. 163.

[22] KEENER. Learning in the assemblies, p. 165.

[23] KEENER. *Comentário histórico-cultural da Bíblia*, p. 585.

[24] KEENER. Learning in the assemblies, p. 166.

Paulo coloca o marido como responsável pela educação de sua mulher, o que era muito revolucionário em um contexto cultural no qual se acreditava que a mulher era incapaz de aprender.

em um contexto cultural no qual se acreditava que a mulher era incapaz de aprender.

O silêncio, porém, não era restrito às mulheres. Ele se fazia necessário também em outras ocasiões, como na hipótese de alguém querer falar em línguas e não haver intérprete (1Coríntios 14:28). Seja por essa razão, seja porque as mulheres perturbavam o culto com suas questões, Paulo instrui a ordem no culto, "pois Deus não é Deus de desordem, mas de paz" (v. 33).

Dessa forma, vemos que tanto a recomendação do uso do véu como a do silêncio feminino no culto referem-se a situações específicas, que derivam do contexto de uma cidade e de uma cultura. Elas não têm validade eterna, portanto, não se aplicam, de forma geral, à cultura brasileira do século 21. Em vez de uma ordem genérica, o que o apóstolo parece ressaltar é a necessidade de cada congregação entender o que causará bom testemunho aos de fora e estabelecer as próprias medidas para assegurar a boa reputação da igreja em sua comunidade.

● CAPÍTULO 9

Autoridade sobre o homem

A orientação de Paulo a Timóteo — "Não permito que a mulher ensine, nem que tenha autoridade sobre o homem. Esteja, porém, em silêncio" (1Timóteo 2:12) — é considerada, por muitos, o xeque-mate à possibilidade do pastorado feminino. Esse versículo é o manifesto-mor dos contrários ao ministério pastoral da mulher; com essas palavras, evitam-se estudos aprofundados, retiram-se mulheres dos púlpitos e refutam-se "heresias" na internet.

A verdade é que mesmo igrejas sem ordenação feminina têm dificuldade de praticar esse versículo à risca. Embora ele seja claro em dizer que a mulher não deve ensinar o homem, poucas comunidades proíbem mulheres de ensinar adultos na escola dominical ou de serem professoras de Teologia. Ao lecionar, elas ensinam os pilares mais importantes em que seus alunos — incluindo homens — devem crer. E ainda que não ensine pessoalmente, quando uma mulher escreve livros ou comentários bíblicos, ela molda a maneira de o leitor entender o próprio Deus.

Da mesma forma, muitas igrejas sem pastoras estabelecem mulheres como líderes de jovens e de louvor. Se uma mulher lidera um grupo no qual há jovens, que devem prestar contas a ela e podem ser repreendidos por ela acerca de algum pecado, ela não estará exercendo uma forma de autoridade sobre eles?

CONTEXTO

A primeira carta a Timóteo faz parte de um conjunto de livros da Bíblia tradicionalmente conhecido por *epístolas pastorais*, do

MULHER PODE SER PASTORA?

qual fazem parte também a segunda carta a Timóteo e a carta a Tito. Esses livros foram assim chamados no começo do século 18 por serem cartas escritas por Paulo com instruções a dois líderes de comunidades, Timóteo e Tito.

O propósito de 1Timóteo é apresentado por Paulo no início do texto: "Partindo eu para a Macedônia, roguei-lhe que permanecesse em Éfeso para ordenar a certas pessoas que não mais ensinem doutrinas falsas" (1Timóteo 1:3). Assim, a preocupação com ensinamentos falsos é o fio condutor de toda a carta. O apóstolo Paulo afirma que alguns se desviaram, "voltando-se para discussões inúteis, querendo ser mestres da lei, quando não compreendem nem o que dizem nem as coisas acerca das quais fazem afirmações tão categóricas" (1:6-7). A carta é encerrada em tom semelhante: "Timóteo, guarde o que lhe foi confiado. Evite as conversas inúteis e profanas e as ideias contraditórias do que é falsamente chamado conhecimento; professando-o, alguns desviaram-se da fé" (1Timóteo 6:20-21).

A situação das mulheres também não parece ser das melhores. Paulo teme que as viúvas vivam para o prazer e não coloquem a esperança em Deus (5:7). Também exige que as viúvas novas se casem, senão "aprendem a ficar ociosas, andando de casa em casa; e não se tornam apenas ociosas, mas também fofoqueiras e indiscretas, falando coisas que não devem" (v. 13), e "algumas, na verdade, já se desviaram, para seguir a Satanás" (v. 15). A preocupação com o testemunho diante dos outros é importante; assim, Paulo aconselha "que as viúvas mais jovens se casem, tenham filhos, administrem suas casas e não deem ao inimigo nenhum motivo para maledicência" (v. 14).

É nesse contexto que Paulo escreve o seguinte conselho:

> Antes de tudo, recomendo que se façam súplicas, orações, intercessões e ações de graças por todos os homens [...]. Quero, pois, que os homens orem em todo lugar, levantando mãos santas, sem ira e sem discussões. Da mesma forma, quero que as mulheres se vistam modestamente, com decência e discrição [...]. A mulher deve aprender em silêncio, com toda a sujeição.

AUTORIDADE SOBRE O HOMEM

Não permito que a mulher ensine, nem que tenha autoridade sobre o homem. Esteja, porém, em silêncio. Porque primeiro foi formado Adão, e depois Eva. E Adão não foi enganado, mas sim a mulher que, tendo sido enganada, tornou-se transgressora. Entretanto, a mulher será salva dando à luz filhos — se permanecer na fé, no amor e na santidade, com bom senso (1Timóteo 2:1-15).

Embora seja omitida por nossas traduções, a partícula *oún* ("então", "portanto") é a segunda palavra de 2:1, de forma que o segundo capítulo (dividido assim posteriormente) parece sugerir correções aos problemas relatados no primeiro: "Antes de tudo, [*então*], recomendo que se façam súplicas". A mesma partícula aparece mais adiante: "Quero, *pois*, que os homens orem em todo lugar" (v. 8). Isso indica que as instruções apresentadas têm o objetivo de confrontar os falsos ensinos.[1]

Essas instruções dizem respeito a homens e mulheres. Os homens são instruídos a orar em todo lugar (v. 8). As instruções às mulheres estão conectadas: *"Da mesma forma,* quero que as mulheres se vistam modestamente" (v. 9). Na sequência, Paulo acrescenta: "A mulher deve aprender em silêncio [*en hēsychia*], com toda a sujeição" (v. 11). Outras traduções apropriadas são "em paz", "em tranquilidade", "sem perturbações",[2] o que parece estabelecer um paralelo com o que se requer dos homens: levantar as mãos "sem ira e sem discussões" (v. 8). O adjetivo *hēsychion* é traduzido no começo do capítulo com um sentido semelhante: "para que tenhamos uma vida tranquila e *pacífica*" (v. 2). Considerando isso, Linda Belleville aponta que a ênfase do capítulo é a discórdia congregacional.[3]

Paulo faz mais uma exigência em relação às mulheres: que aprendam "com toda sujeição" (v. 12). Embora prontamente imaginemos submissão aos homens ou aos maridos, N. T. Wright salienta

---

[1] BELLEVILLE, Linda. Teaching and usurping authority: 1 Timothy 2:11-15. In: PIERCE; GROOTHUIS (orgs.). *Discovering biblical equality:* complementarity without hierarchy, p. 207.
[2] HAUBECK, Wilfrid; SIEBENTHAL, Heinrich von. *Nova chave linguística do Novo Testamento:* Mateus — Apocalipse. Trad. de Nélio Schneider. Targumim/Hagnos: São Paulo, 2009. p. 1163.
[3] BELLEVILLE. *Teaching and usurping authority,* p. 207.

MULHER PODE SER PASTORA?

que um espírito calmo e submisso era um pré-requisito necessário para aprender naquela época tanto quanto agora. O teólogo também sugere que o versículo indique submissão a Deus e ao evangelho.[4]

O QUE É ENSINO AUTORITATIVO?

Com isso em mente, chegamos a 1Timóteo 2:12: "Não permito que a mulher ensine, nem que tenha autoridade [*authentein*] sobre o homem. Esteja, porém, em silêncio". A hipótese de alguns intérpretes que rejeitam o pastorado feminino é que Paulo proibia apenas o ensino autoritativo de mulheres, e não qualquer ensino. Essa ideia nasce da conjunção "nem" (*oude*), que liga as frases: "Não permito que a mulher ensine, nem [*oude*] que tenha autoridade sobre o homem". De acordo com eles, a construção sugere uma única função não permitida para mulheres: ensino autoritativo (ou autoritário).[5]

Parece uma ideia piedosa. Seus defensores tentam excluir as mulheres do menor número de atividades possível. Como muitos interpretam "ensino autoritativo" como sendo o sermão de domingo, prerrogativa do pastor, a mulher seria privada apenas de pregar esse sermão. Ela poderia, contudo, ensinar na escola dominical, nas faculdades cristãs ou até pregar em um culto de sábado.

Ainda que pareça uma boa teoria, encontra pouco amparo bíblico, sendo uma hipótese criticada até mesmo por outros teólogos que discordam do pastorado feminino. Primeiro, a regra para definir o que é um "ensino autoritativo" é bastante arbitrária, e parte de uma lógica estranha às reuniões nas casas: como classificar os ensinos em autoritativos e não autoritativos? Em Romanos 12:6, Paulo fala sobre a diversidade de dons que abrange toda a comunidade e inclui o dom de ensino, não parecendo excluir mulheres. Em 1Coríntios 14:26, o ensino está entre outras manifestações no culto comunitário: "Quando vocês se reúnem, cada um de vocês tem

---

[4] WRIGHT. "The biblical basis for women's service in the church", p. 9.
[5] KELLER, Kathy. *Jesus, justiça e papéis de gênero*: mulheres no ministério. Trad. de João Guilherme Anjos. Rio de Janeiro: Thomas Nelson Brasil, 2019. Edição digital.

um salmo, ou uma palavra de instrução [*didachēn*], uma revelação, uma palavra em uma língua ou uma interpretação. Tudo seja feito para a edificação da igreja". Dificilmente haveria nas casas do século 1 uma salinha para as crianças na qual as mulheres poderiam exercer seus dons sem ferir a masculinidade dos irmãos. Além disso, a existência de pregadores itinerantes mostra como o ensino se dava de modo mais fluido do que pensamos.

> **Dificilmente haveria nas casas do século 1 uma salinha para as crianças na qual as mulheres poderiam exercer seus dons sem ferir a masculinidade dos irmãos.**

O texto que se refere mais claramente a um "ensino autoritativo" diz respeito a Jesus, que "ensinava como quem tem autoridade, e não como os mestres da lei" (Mateus 7:29). Porém, essa passagem parece ter pouca relação com nosso texto em debate. O termo traduzido por "autoridade" em Mateus (*exousian*) é diferente do de 1Timóteo 2 (*authentein*), e o versículo sugere que o ensino de Jesus provinha de sua própria autoridade, diferentemente dos outros mestres, que apenas seguiam tradições ou faziam uma exegese a partir da autoridade da Torá.[6] Isso é pouco aplicável a nós, que precisamos da tradição e da exegese, além de nos submeter a Cristo, que é o próprio Deus.

Ademais, os "sermões" bíblicos da comunidade neotestamentária que mais se aproximam do que entendemos por sermão foram pregados para a comunidade externa, e não para a comunidade cristã, como vemos no caso de Pedro pregando aos judeus de Jerusalém ou no de Paulo pregando aos gregos em Atenas. Tratava-se de uma atividade evangelística, e creio que poucos cometeriam a loucura de impedir uma missionária de anunciar a Palavra de Deus.

Finalmente, é difícil delimitar o que é anunciar, profetizar e ensinar na igreja do século 1. Para Justo e Catherine González, a

---

[6] HAGNER, D. *Matthew 1—13*. Grand Rapids: Zondervan Academic, 2018. vol. 33A. Edição digital.

MULHER PODE SER PASTORA?

pregação estava intimamente ligada à profecia, um dom que, conforme vimos, as mulheres praticavam em assembleia.[7]

EXERCER AUTORIDADE OU DOMINAR?

Quando Paulo diz não permitir "que [a mulher] tenha autoridade sobre homem" (1Timóteo 2:12), ele utiliza um verbo que só aparece essa vez na Bíblia: *authentein*. Nossas versões o traduzem por "ter autoridade" (NVI, NVT, NTLH) ou "exercer autoridade" (NAA).

Linda Belleville indica que Paulo não está falando de uma "autoridade pastoral", isto é, de uma liderança positiva. Observando o uso posterior do verbo em outros documentos extrabíblicos, Cynthia Westfall constatou que "as pessoas que são alvo dessas ações [de *authentein*] são prejudicadas [...], pois essas ações envolvem a imposição da vontade de um a outro, variando de desonra a força letal".[8] Talvez por isso a Vulgata tenha traduzido o verbo por *dominari*, mantido na Bíblia de Jerusalém: "Não permito que a mulher ensine, ou domine o homem". A *Nova chave linguística do Novo Testamento* atesta esse significado, traduzindo o termo por "ter domínio sobre alguém";[9] outros lexicógrafos colocam a palavra no campo semântico de "controlar, coibir, dominar".[10]

Assim, uma tradução mais apropriada do verbo seria "dominar": Paulo não permite que as mulheres dominem os homens. É provável que as mulheres de Éfeso tentassem exercer uma autoridade tirana, dominando os homens na igreja — e talvez até seus maridos.

O ENGANO DE EVA

Contudo, as mulheres não estão sendo impedidas apenas de dominar os homens, mas também de ensiná-los. Sabemos que a prática de dominar está vetada a todos os cristãos. Mas e o ensino?

---

[7] GONZÁLEZ, Justo L; GONZÁLEZ, Catherine Gunsalus. *Worship in the early church*. Louisville: Westminster John Knox Press, 2022. Edição digital.

[8] WESTFALL. *Paul and Gender*.

[9] HAUBECK; SIEBENTHAL. *Nova chave linguística do Novo Testamento*, p. 1163.

[10] BELLEVILLE. *Teaching and usurping authority*, p. 216.

AUTORIDADE SOBRE O HOMEM

Proibir as mulheres de ensinarem os homens parece ser uma ordem situacional. Considerando a ocorrência de falsos ensinos na igreja (que é o tema da carta) e as situações problemáticas nas quais as mulheres estavam envolvidas, é possível concluir que elas fossem as principais vítimas de doutrinas errôneas, que as levavam a tentar dominar os homens. Dessa forma, impedi-las de ensinar (passando adiante doutrinas erradas) e requerer que aprendessem de modo tranquilo, impedindo a dominação, seria vital para a saúde da igreja de Éfeso. N. T. Wright conecta essa situação ao contexto pagão da cidade:

> Há alguns sinais na carta de que ela foi originalmente enviada a Timóteo enquanto ele estava em Éfeso. E uma das principais coisas que sabemos sobre religião em Éfeso é que a religião principal dali [...] era um culto exclusivamente feminino. O templo de Ártemis (esse é seu nome grego; os romanos a chamavam de Diana) era uma estrutura maciça que dominava a área; e, como adoradoras de uma divindade feminina, o sacerdócio era todo feminino. Elas dominavam a cena e mantinham os homens em seu lugar.[11]

Assim, a ênfase de Paulo na necessidade de aprendizagem das mulheres é justamente para não as deixar simplesmente copiar a cultura, especialmente em um mundo que lhes oferecia um baixo nível de instrução.

Essa ideia é reforçada em 1Timóteo 2:12-15. Embora o trecho soe estranho ao dizer que Eva foi enganada, e não Adão, Paulo não deixava de atribuir a Adão a responsabilidade do primeiro pecado (Romanos 5:14; 1Coríntios 15:21). Aqui, porém, ele foca em Eva para usá-la como representação do engano que as mulheres efésias estavam vivendo — ou no qual ainda poderiam cair. Essa não é a única vez que ele faz isso. Em 2Coríntios, Paulo utiliza a imagem de Eva para representar o perigo do engano para toda a igreja: "Pois, assim como Eva foi enganada pelas mentiras da cobra, eu tenho

---

[11] WRIGHT. "The biblical basis for women's service in the church", p. 10.

MULHER PODE SER PASTORA?

medo de que a mente de vocês seja corrompida e vocês abandonem a devoção sincera e pura a Cristo" (2Coríntios 11:3).

A prática de utilizar uma ilustração bíblica não é novidade nos escritos de Paulo. Em Gálatas, ele emprega a história de Sara e Hagar para ilustrar as duas alianças — uma que gera filhos escravos e outra que gera filhos livres (4:24-26). Sabemos, pela história bíblica, que Ismael, filho de Hagar, não foi escravo: ele também foi abençoado pelo Senhor, que prometeu torná-lo pai de doze príncipes e de um grande povo (Gênesis 17:20). Paulo, porém, não menciona a continuação da história simplesmente porque esse não é seu propósito. A mesma coisa ocorre em 1Timóteo: embora saibamos que Adão e Eva pecaram, o objetivo da ilustração é exortar as mulheres, a fim de que não sejam enganadas como Eva.

E quanto à ordem da Criação? No contexto em que menciona Eva, Paulo faz outra afirmação: "primeiro foi formado Adão" (1Timóteo 2:13). Muitos defendem que essa frase revela um padrão criacional que excede as culturas, de modo que Adão, por ser criado primeiro, exerce autoridade sobre Eva, e por isso a mulher não pode ensinar. Contudo, se essa frase descrevesse a autoridade absoluta do homem sobre a mulher, não seria necessário desenvolver o argumento de que Eva foi enganada — a simples apelação ao padrão criacional seria suficiente. E mais: se esse realmente fosse um princípio bíblico transcultural e absoluto, mulheres não poderiam exercer autoridade sobre homens em nenhuma área: nem como chefes de empresas, nem como prefeitas, nem como coisa alguma. Afinal, toda a nossa vida está diante de Deus.[12]

Como vimos, Gênesis dificilmente aponta para essa interpretação. A história da criação revela a interdependência entre os sexos, pois, "assim como a mulher foi feita do homem, assim também o homem nasce da mulher", e "tudo vem de Deus" (1Coríntios 11:12).

É mais provável, na verdade, que Paulo esteja empregando a ordem da Criação para reforçar a necessidade de que as mulheres aprendessem. Alguns rabinos entendiam que a mulher havia sido

---

[12] BIRD. *Bourgeois babes, bossy wives, and bobby haircuts*, p. 39-40.

mais propensa ao engano porque não havia recebido a ordem divina diretamente de Deus, mas por meio de Adão. Ao homem, antes de criar a mulher, Deus dissera: "Você pode comer as frutas de qualquer árvore do jardim, menos da árvore que dá o conhecimento do bem e do mal" (Gênesis 2:16-17). Mas a mulher, respondendo à serpente, parece ter acrescentado algumas informações: "Podemos comer as frutas de qualquer árvore, menos a fruta da árvore que fica no meio do jardim. Deus nos disse que não devemos comer dessa fruta, *nem tocar nela*" (3:2-3).

No texto paulino, então, a conexão entre criação posterior e engano parece ser uma figura ilustrativa e didática para aquelas mulheres, como explica Keener: "Ela não estava presente quando Deus deu o mandamento e, portanto, dependia de Adão para entendê-lo corretamente. Em outras palavras, ela não fora instruída de maneira adequada, assim como as mulheres da igreja de Éfeso".[13] N. T. Wright conclui: "A história de Adão e Eva ilustra bem o ponto: veja o que aconteceu quando Eva foi enganada. As mulheres precisam aprender tanto quanto os homens. Afinal, Adão pecou de forma deliberada; ele sabia o que estava fazendo, que estava errado, e mesmo assim prosseguiu".[14]

Por fim, Paulo afirma que "a mulher será salva dando à luz filhos" (1Timóteo 2:15). Há uma conexão direta aqui entre a Criação, o pecado e o ato de ter filhos. Voltando a Gênesis, logo após a declaração dos castigos de Deus por causa do pecado da serpente, da mulher e do homem, Adão "deu à sua mulher o nome de Eva, pois ela seria mãe de toda a humanidade" (Gênesis 3:20). Há uma mensagem de esperança nesse versículo.

Mas, afinal, o que Paulo quer dizer com isso? Keener e outros entendem que a tradução mais adequada seria algo como "trazida em segurança" no parto. Era comum que as mulheres da Antiguidade orassem a seus deuses para serem salvas da morte ao darem à luz, e alguns no judaísmo acreditavam que a morte no parto era consequência da maldição de Eva. Nesse sentido, o apóstolo indica

---

[13] KEENER. *Paul, women & wives.*
[14] WRIGHT. "The biblical basis for women's service in the church", p. 9.

que o pecado não dá a palavra final, pois Deus cuida das mulheres no parto. Ao mesmo tempo, ele encoraja as mulheres a ter filhos, como fala em outro momento (5:14), talvez confrontando aqueles que erroneamente proibiam o casamento (4:2).

Assim, essa não é uma orientação para que todas as mulheres de todos os lugares do mundo e de todos os momentos da história fossem impedidas de ensinar na igreja. Essa ocasionalidade é reforçada pelo começo de sua proibição: "Não permito [*epitreto*] que a mulher ensine" (2:12). Em suas ocorrências no Novo Testamento, o verbo *epitreto* é utilizado sempre para permissões pontuais ou passíveis de mudança: "Senhor, *deixa*-me ir primeiro sepultar meu pai" (Mateus 8:21); "Sou judeu, cidadão de Tarso, cidade importante da Cilícia. *Permite*-me falar ao povo" (Atos 21:39); "espero ficar algum tempo com vocês, se o Senhor *permitir*" (1Coríntios 16:7).

Assim, as soluções trazidas por Paulo são um bom apontamento da *sabedoria cristã*, e são exigências situacionais relacionadas a uma igreja disfuncional, cujo problema central eram os ensinos errôneos, que envolviam tanto as mulheres como os presbíteros da comunidade. Essas orientações, portanto, não são provas bíblicas de que as mulheres não possam ser pastoras hoje.

> **As soluções trazidas por Paulo são um bom apontamento da sabedoria cristã, e são exigências situacionais relacionadas a uma igreja disfuncional.**

● CAPÍTULO 10

Desejando o episcopado

Por fim, resta fazer a análise da descrição ministerial encontrada em 1Timóteo 3.[1] Alguns argumentam que a lista de qualificações encontrada nesse capítulo exige que mulheres, em todas as épocas e organizações eclesiásticas, sejam excluídas do pastorado. Sob uma análise mais acurada, isso não se sustenta.

É importante ter em mente que essa é uma das epístolas mais tardias de Paulo, escrita em um contexto de igrejas mais institucionalizadas. Além disso, a comunidade em questão parece apresentar uma igreja com influência do cristianismo judaico, pois se baseia no sistema de presbitério e há ali pessoas querendo exercer a função de "mestres da lei" (1Timóteo 1:7), ainda que de maneira distorcida.

O problema dos falsos ensinos perpassa a carta do início ao fim. Gordon Fee e Douglas Stuart sugerem que os falsos mestres eram pessoas *de dentro* da comunidade, muito provavelmente anciões.[2] Assim, a exigência de certas qualificações para novos bispos tem caráter corretivo, combatendo os bispos desviados:

> Esta afirmação é digna de confiança: se alguém deseja ser bispo, deseja uma nobre função. É necessário, pois, que o bispo seja irrepreensível, marido de uma só mulher, moderado, sensato, respeitável, hospitaleiro e apto para ensinar; não deve ser apegado ao vinho, nem violento, mas sim amável, pacífico e não

---

[1] Em Tito 1:5-9 são apresentados os mesmos princípios, por isso essa passagem não será diretamente abordada aqui.

[2] FEE; STUART. *Como ler a Bíblia livro por livro*, p. 443.

apegado ao dinheiro. Ele deve governar bem sua própria família, tendo os filhos sujeitos a ele, com toda a dignidade. Pois, se alguém não sabe governar sua própria família, como poderá cuidar da igreja de Deus? (1Timóteo 3:1-5).

É interessante que as recomendações são a respeito do *caráter* do bispo, não exatamente sobre seu dever. Lemos que eles cuidam da igreja de Deus (v. 5) e que devem ser aptos a ensinar (v. 2), mas as outras qualificações são esperadas de qualquer cristão maduro: não ser "apegado ao vinho, nem violento, mas sim amável, pacífico e não apegado ao dinheiro" (v. 3). Talvez o caráter dos presbíteros fosse o que realmente estava em jogo; provavelmente os anteriores haviam caído em descrédito e na cilada do Diabo, como o texto fala.

Não podemos deixar de observar que, com exceção da expressão "marido de uma só mulher" (v. 2; ou seja, "homem de uma mulher"), o trecho pode ser aplicado a ambos os gêneros: "se *alguém* deseja ser bispo, deseja uma nobre função" (v. 1) e "se *alguém* não sabe governar sua própria família, como poderá cuidar da igreja de Deus?" (v. 5). Assim como no português, no grego o masculino pode ser empregado em um sentido neutro quando quer abranger os dois gêneros. É como anunciar uma vaga de emprego: "Contrata-se professor" — salvo exceções, homens e mulheres podem ser contratados. Por isso, alguns teólogos entendem que a expressão "homem de uma mulher" seria aplicável genericamente a qualquer pessoa, significando um casamento monogâmico e fiel.

Ainda assim, é muito provável que os presbíteros dessa igreja fossem homens — a maioria ou todos —, pois as qualificações elencadas são as mesmas esperadas dos páter-famílias. Como vimos, os chefes de família do mundo greco-romano eram quase sempre homens, apesar de haver exceções, como Lídia e Febe. Por isso, a ideia de liderança nessa comunidade se adapta aos padrões culturais daquele contexto social.

Nesse sentido, existem duas linhas de raciocínio possíveis:[3]

---

[3] Com base em WILLIAMS, Terran. *How God sees women*: the end of patriarchy. Publicação independente. 2022. Edição digital

DESEJANDO O EPISCOPADO

1. Paulo está *exigindo* que os presbíteros daquela igreja de Éfeso sejam homens e, por isso, todos os presbíteros da época também devem ser homens;

2. Paulo *assume* que os anciões da igreja são homens porque os chefes das casas eram geralmente homens, correspondendo à ideia de páter-famílias, apesar das exceções.

A segunda opção é mais logicamente viável. Os anciões de 1Timóteo fazem parte de um contexto cultural em que as lideranças eclesiásticas também eram lideranças do mundo "secular": não eram apenas homens; eram homens maduros (provavelmente acima de 40 anos),[4] casados, pais de família e chefes da casa. Seus filhos deveriam mostrar-lhes obediência; no contexto greco-romano, isso não se resumia a crianças e jovens, mas a qualquer filho que morasse sob o teto do pai. Segundo a sabedoria antiga, o comportamento dos filhos refletia o dos pais — o que era ainda mais delicado em um contexto em que as igrejas se reuniam em casas.[5] Williams conclui: "Naquela cultura, uma igreja liderada por pessoas mais velhas comunicava uma mensagem melhor do que uma liderada por jovens. Além disso, masculinidade, casamento e familiares submissos eram características recomendáveis a — e passíveis de verificação por — líderes de qualquer entidade emergente da época".[6]

Será que essas qualificações são seguidas à risca? Hoje, quando um rapaz de 20 e poucos anos, solteiro e sem filhos, é ordenado no ministério — e ainda colocado sozinho para dirigir uma comunidade —, demonstramos que não tomamos o presbiterato de 1Timóteo 3 como o único padrão ministerial.

Outros exemplos nos mostram como essa lista não é um padrão eterno para lideranças. O próprio Paulo não seguia essas qualificações. Ele não refletia o modelo de páter-famílias: não era casado, não tinha filhos e obviamente não podia hospedar ninguém. Como

---

[4] Existe, no entanto, registro de algumas anciãs (entre judeus).
[5] KEENER. *Comentário histórico-cultural da Bíblia*, p. 722.
[6] WILLIAMS. *How God sees women.*

MULHER PODE SER PASTORA?

apóstolo, porém, estava acima daqueles presbíteros. Nem preciso comentar o caso de Priscila, outra colaboradora de Paulo, e de outras mulheres que possivelmente atuaram como líderes. Além disso, o celibato exigido posteriormente para o sacerdócio também mostra que futuros cristãos adaptaram as qualificações exigidas de suas lideranças conforme outros valores de suas épocas.

Quando pensamos em nosso tempo, o cenário é ainda mais diferente: enquanto o texto de 1Timóteo sugere uma igreja com bispos/presbíteros e diáconos e diaconisas — e alguns também defendem uma ordem de viúvas em 1Timóteo 5, pois seus critérios são bem parecidos para os bispos —, nossas igrejas nomeiam professores de escolas dominicais e líderes de louvor. Isso as torna antibíblicas? Além disso, como entender o papel dos escritores e teólogos?

O ancião da comunidade descrita em 1Timóteo não está longe do ancião dos *gymnasia* gregos e das sinagogas, o que mostra sua adaptabilidade à cultura.

Concluímos então que, nesse texto, Paulo segue os padrões familiares para estruturar uma igreja em crise. Isso, no entanto, não exclui as mulheres das lideranças eclesiásticas, como vemos nos abundantes exemplos dos capítulos anteriores.

Uma palavra final

Ao longo deste livro, procurei estabelecer as bases da ordenação de mulheres ao pastorado. Elas não dizem respeito apenas a textos específicos, mas a um conjunto de pressupostos e passagens bíblicas. Em resumo, são estes os motivos pelos quais podemos ordenar pastoras em nossas igrejas:

1) **A igualdade como imagem de Deus e sacerdócio restaurado.** Homem e mulher são diferentes, mas há igualdade entre eles. Ambos foram criados como vice-regentes da criação e são imagem de Deus. A subordinação da mulher ao homem foi causada pelo pecado (Gênesis 3:16) e, por isso, mostra-se amplamente nas culturas, pelos séculos, como efeito da Queda. Entretanto, esse não era plano inicial de Deus, o que foi resolvido em Cristo, que trouxe uma igualdade restaurada, de maneira que "Não há judeu nem grego, escravo nem livre, homem nem mulher; pois todos são um em Cristo Jesus" (Gálatas 3:28). Tanto mulheres como gentios tornaram-se sacerdotes do Deus Altíssimo na família da fé.

2) **A liderança feminina no Antigo e no Novo Testamento, mesmo em culturas moldadas pelo pecado e pela subordinação.** Na igreja, as mulheres atuaram naquilo que chamamos de ofícios carismáticos, como profetisas — sendo que profetas eram líderes no Novo Testamento — e evangelistas. Também encontramos uma apóstola, Júnia, e outras líderes de igrejas locais, como Febe e Priscila.

3) **A sabedoria cristã na cultura.** Em cada época, a igreja precisa responder adequadamente à cultura. Textos restritivos como 1Coríntios 11, 1Coríntios 14 e 1Timóteo 2, por exemplo, foram escritos para resolver importantes problemas contextuais daquelas igrejas. Também vemos que os presbíteros,

como pais de família bem-estruturadas — conforme 1Timóteo 3 e Tito 1 —, eram, ao mesmo tempo, lideranças seculares em suas culturas. Já em nossa época, a ausência de lideranças femininas na igreja envergonha o evangelho; mulheres cristãs são educadas para serem líderes em grandes empresas ou políticas de destaque, mas são impedidas de falar na igreja. Não se trata de moldar a Bíblia à cultura, mas de aplicar os princípios acima com fidelidade e sabedoria, segundo uma perspectiva missional.

4) **O entendimento especial do que é o ministério e da necessidade dos dons no corpo de Cristo.** Sabemos que os diferentes ministérios foram instituídos "com o fim de preparar os santos para a obra do ministério, para que o corpo de Cristo seja edificado, até que todos alcancemos a unidade da fé e do conhecimento do Filho de Deus, e cheguemos à maturidade" (Efésios 4:12-13). Também sabemos que cada membro é importante no corpo, pois o Espírito distribuiu dons "A cada um [...] visando ao bem comum" (1Coríntios 12:7), de forma que "O olho não pode dizer à mão: 'Não preciso de você!' Nem a cabeça pode dizer aos pés: 'Não preciso de vocês!'" (v. 21). Assim, a igreja perde muito quando as mulheres são impedidas de exercer seus dons e ministérios. Assim, considerando que homens e mulheres são diferentes, as mulheres — com suas aptidões específicas — fazem falta como presbíteras no cuidado das ovelhas de Cristo. Muitos veem o pastor como um pai espiritual, mas também precisamos de mães.

Por fim, cabe dizer que cada vertente teológica cristã precisa desenvolver a própria argumentação, pois a ordenação (ou a consagração ao pastorado) não é pensada somente biblicamente, mas dentro de cada tradição, sendo também descrita em seus documentos confessionais. Além disso, cada igreja tem a própria organização (pastor, presbíteros, sacerdotes, bispos, diáconos, missionários...). Por ora, podemos vislumbrar algumas direções:

UMA PALAVRA FINAL

Aos protestantes tradicionais, considerando que o ministério ordenado está ligado principalmente à pregação da palavra de maneira pública, lembramos que mulheres foram profetisas, isto é, porta-vozes de Deus, e que profetizavam em assembleias cristãs.

Àqueles que pertencem a tradições sacramentalistas, apontamos que a mulher *pode, sim,* atuar *in persona Christi* no culto cristão, conforme nos explica o teólogo Pannenberg, baseando-se em Gálatas 3:28: "considera-se que ela [a mulher] não apenas representa o homem terreno Jesus de Nazaré, mas o Cristo exaltado, em cujo 'corpo' foram suspensas as oposições de gêneros, assim como os contrastes de posição social, pertencimento étnico ou raça".[1]

Aos evangélicos carismáticos e pentecostais, lembramos que o Espírito distribui dons "como quer" (1Coríntios 12:11).

Muito ainda poderia ser dito, porém, com o que foi exposto aqui, reforço o desejo de que as igrejas locais encorajarem suas mulheres ao pastorado. Não quaisquer mulheres, mas as que forem chamadas para isso, conhecedoras das Escrituras, de caráter aprovado, dotadas de habilidades para a liderança e que cuidarão, com amor, do rebanho de Cristo.

Esta é uma palavra fiel: se alguém deseja o episcopado, excelente obra deseja (1Timóteo 3:1, ACF).

---

[1] PANNENBERG, Wolfhart. *Teologia sistemática.* Trad. de Ilson Kayser. vol. 3. Santo André: Academia Cristã; São Paulo: Paulus, 2009. p. 524.

Este livro foi impresso pela Gráfica Terrapack, em 2023,
para a Thomas Nelson Brasil. O papel do miolo é pólen
bold 70g/m², e o da capa é cartão 250g/m².